AF199273

Hinter dem Horizont

Helmut P. Frings

Hinter dem Horizont

-lyrisches Gedankengut

Bibliografische Information der Deutschen
Nationalbibliothek: Die Deutsche Nationalbibliothek
verzeichnet diese Publikation in der Deutschen
Nationalbibliografie; detaillierte bibliografische Daten sind im
Internet über dnb.dnb.de abrufbar.

© 2017 Helmut P.Frings

Herstellung und Verlag:
BoD – Books on Demand, Norderstedt

ISBN:978-3-7448-0287-1

Inhaltsverzeichnis

3

Abendstimmung

Ich sehe wie ein Wunderbild, die Welt
an mir in einem Nu vorüberziehn -
Gar früh schon hatte ich mir vorgestellt,
wie ewig wandellos das alles schien...

Im letzten Dämmerleuchten stehn im Dunst
die Höhen, die im Abendglanz verglimmen;
das Höchste zeigt vergehend höchste Kunst
in Farben, Klängen und in Abendstimmen...

Im warmen Dunkel dichten selbst die Gassen,
und Fensterlicht wärmt unsre armen Herzen;
ein Brunnen murmelt einsam und verlassen:
Entlasse du bei mir doch deine Schmerzen!

Abgrund der Hekate...

Es winkt uns oft aus den geringsten Dingen
der Hekate ein weisendes Geschenk!
Auch wenn wir unbedacht vorübergingen, -
Es ruft uns zu: sei Todes eingedenk!

Nun, da uns Sphären von Symbolen trennen,
sind sie dem Menschenauge nicht mehr wahr;
es ist die Tragik, dass wir nichts erkennen -
wir seh'n durch ein verdorb'nes Okular....

Durch alles Wesen reichen jene Räume,
die schon seit Ewigkeiten zaubern still
für eine Seele aufgeweckte Träume,
die losgelöst von ihrem Ankerspill.

Uns ward gegeben Träume zu erfüllen!
Denn durch Symbole stürzt der Geist ins Bild.
Wer sicher ist in seinem guten Willen,
dem wirkt die Gottheit einen Schutz als Schild.

So sorge nicht - lass nur die Seele treiben;
so lass' sie fliegen in den Ätherraum...
Für uns ist ohnehin kein langes Bleiben,
und ewges Leben? - auf der Erde - kaum!

(Hekate: Titanentochter; Göttin des Zauberwesens)

Abschied

An Duft und Farben sind die Lande weit,
nun, da der Glanz kommt, der den Tod versöhnt.
Und über blauer Felder Sonne tönt
des Herbstes Leier sanft - in Einsamkeit...

Den goldnen Abend küsst zutiefst der Schlaf;
ein Weinblatt fällt, und Duft liegt überm Laub;
das erste Opfer und des Jahres Raub
ist eine wilde Rose, die ein Frosthauch traf...

Es zittert warmer Hauch im Ton der Flöte
im Winde, der vom Abendhimmel sank;
es dämmert um den Vogel der noch trank,
und heimgeleitet ihn die Abendröte...

Sieh, wie die Wolke hin zum Abend zieht
und die wie goldner Hauch im Rot verrinnt...
Dahin - denn südwärts zog der Sommerwind-
ein müder Schwan treibt, da er Licht noch sieht...

Der Abschied

Einstmal, wenn ich mich ergebe
meinem Schicksal in die Hand,
werd ich wollen, dass ich lebe -
weiterpilgre übers Land.

Jeden Tag, den ich erwache,
öffnet sich mein Augenlid,
und mein Tag beginnt am Bache:
Reinigung - und dann ein Lied...

Nur, dass statt der Körpermasse,
meine Seele werde rein,
meditiere ich und lasse
Gottes Sonne tief hinein.

Dann begrüße ich die Rose,
dort am Born der Neuen Zeit,
lass die Ängste einfach wehen
mitten in die Ewigkeit...

Aus den Wassern seh' ich ragen
vor mich hin mein Spiegelbild;
hoch ins dunkle Blau getragen
strahlt die Sonne, rein und mild.

Einstmals, wenn ich mich entscheide,
trag den Stab zur nächsten Hand,
wird aus erdgewolltem Leide
Abschied für ein bessres Land.

Adria Dalmatica   (Magistrale 73)

Wir lachten in den trocknen Pinienwäldern
dem Winde zu, der in den Kronen sang;
Wir rochen Harz, gemischt dem Staub von Feldern,
das aufgefangen aus dem Weinberg drang...

Der Esel-Schrei verklang auf Felsenwegen;
der Ziegenherden glockenklarer Ton -
und Abendsonne auf Bojanas Stegen...
und Stille trägt der Wildnis Schrei davon.

Der Mond erweckt den Abend - es ist heller;
dann sind wir Gast auf einem fremden Boot...
Der Wein fließt süß, wie echter Muskateller;
geröstet gab es Fisch mit weißem Brot.

Im Wein, da duftet Harz der Schwarzen Berge,
vom Wasser strömen Salz und Meereshauch;
Melonen gab es frisch und Lauch der Felder
und auch die süße Frucht vom Zitrus-Strauch...

Sehr seltsam ist uns dieser Tag verflogen:
wir lebten nackt als Gäste ohne Geld!
Die Abendröte war ans Meer gezogen -
Moschee und Muezzin: Ganz fremde Welt.

Als unser Ruderschlag am Zelt verklungen,
da war kein Mondschein mehr, der uns betraf -
Im Zelte dann der Skipetaren Zungen ,
die sangen uns von ferne in den Schlaf...

Alles vergeht, nichts bleibt
(Heraklit)

Nun Winter bist du endlich so gekommen,
dass jedermann dich auch erkennen kann.
So ein zwei Wochen war mir recht beklommen:
der Herbst zu Ende, fingst du doch nicht an.

Nun spielen Flocken mit dem frost'gen Winde,
und durch die Wälder heult ein blanker Ost -
Du zeigst Panier - und Herren wie Gesinde,
sie alle zeigen Achtung vor dem Frost.

So auch in einer Hütte tief im Walde,
aus Holz geformt, mit rauchendem Kamin;
das Dämmerlicht des Abends sank zur Halde,
und ein paar Fenster scheinen rot zu glühn.

Im kleinen Stall, gezimmert in die Schräge
des Berges, der sich bis zum Mond erhob,
da war Geräusch der Tiere, die nur träge
verdauten - nur ein Rindvieh war, das schnob...

Der Haushund trat behäbig durch die Klemme,
die klafterweit verhängt ihm Durchgang bot;
der Flockenschnee fiel durch die kahlen Stämme;
das Bächlein murmelte: ich bin nicht tot...

Behaglich malt in jenem Hause drinnen
der Hausherr sich ein Loch ins Fenstereis;
die Katzen, wohlverwahrt auf Kachelzinnen,
sie fraßen, schliefen oder schnurrten leis'...

So allzumal schien dies ein Bild zu werden,
das man so von der weißen Weihnacht kennt,
doch sehen wir, dass heutzutag auf Erden
Erinnerung nur noch im Herzen brennt!

Das Alte geht - und Neues ist erschienen,
und manche halten an und bleiben stehn -
Doch alle, die den alten Geistern dienen,
die wolln im Herzen gar nichts Neues sehn...

Alles trägt Seinen Namen...

Ich darf Dich nicht in Farben malen,
der Du aus meinem Herzen steigst.
Du strömst aus meinen Farbenschalen
als Bild, das sich zu irdisch zeigt!

Es sind die Bilder Deiner Hände,
die liebend als Natur bestellt,
doch male ich sie, sind es Wände,
begrenzend Deine Farbenwelt!

Ja, Deine Bilder tragen Namen,
weil innendrin ein Licht entbrennt -
Und meine Bilder sind nur Rahmen,
die man den Deinen nachbenennt...

Du schufst die Bilder aus dem Sehnen;
Dein Abbild schufst Du der Natur -
Ich sehe Dich in allem Schönen -
doch alles ist nur Deine Spur...

Alte Mären neu erzählt!

Man sieht den Tannen die Stürme an
aus wintergewordenen Tagen,
und mancher, der noch erzählen kann,
weiß alte Mären zu sagen.

Es geht durch den Wald die neue Zeit,
denn Stürme sind Umgestalter...
Der neue Ernst aus der Ewigkeit
erzählt einen anderen Psalter.

Die Engel des Alten Testaments,
sie öffnen verkrustete Spuren -
Einjeder, der hören will, erkennt's:
den bronzenen Klang der Luren.

Mancher hört zwar nur Sturmgebraus,
doch andere lauschen den Klängen;
dem einen ist die Natur ein Graus -
doch Harmonien hör'n die Mengen...

Man sieht den Tannen die Stürme an;
gar manche hat es gerissen...
doch welche noch steh'n, die haben dann
vom Sturmwind ein anderes Wissen!

Amor vincet omnia

Ist das Haus zum Herbst bestellt,
kann die Abendglocke läuten.
Wem der erste Schnee bald fällt,
muss zum Winter sich bereiten.

Auf dem Tisch ist Wein und Brot:
Wanderer betritt die Schwelle -
draußen lass die Winternot,
komm ins Warme, komm ins Helle!

Mancher auf der Wanderschaft
findet sich auf dunklem Pfade -
dann tritt ein - erhalte Kraft
aus der Gastlichkeit der Gnade.

Draußen ist die Nacht so kalt,
dass sich Nebelbänke halten,
doch statt Wintersturmgewalt,
soll im Hause Liebe walten!

ἀποκατάστασις πάντων

- Apokatastasis Panton (Apg 3,21a)

Die Menschen sitzen vor den dunklen Türen
und sind mit schwarzen Flecken aufgebläht,
und jene, die bedeckt von den Geschwüren
des Bösen kommen neuerdings zu spät!

Die Himmel fallen jetzt in schweren Stücken
auf jeden, der mit Reichtum sich belädt;
doch alle Häupter müssen tief sich bücken,
vor dem, der Neue Zeiten auf sie sät...

So sieh, wie ihre schweren Schultern schwanken;
der Sünden Last ist allen, wie ein Meer -
Ein Wehe ! jenen Alten und den Kranken
und jenen, die gelebt , doch seelenleer...

Da! sieh nur, wie vor Ängsten sie erbleichen;
sie sehen nur den schaurlichen Schild
des Lebens in den eignen schwarzen Reichen -
Nun sehen sie ihr wahres Geistesbild!

Verlorne Kinder ... einer hat die Gnade;
er lädt sie alle vor des Höchsten Thron,
auf dass man sie im reinsten Lichte bade:
dann wird ein Kind aus dem „Verlornen Sohn"!

Apophasis des Simon Magus*...

Es fließt das Licht der Gottheit ohne Maß:
ein überfließend Maß und in der Fülle!
Für alle fließt es ohne Unterlass,
doch zielgerichtet ist sein fester Wille...

Du, der du weißt und dessen hohes Wissen
aus Liebe stammt und aus dem Überfluss;
du, der du aus den dunklen Geistverließen
bist ausgetreten, aus der Welt Verdruss,

du wirst aus Ahnen und aus deiner Art
die Liebe lernen - und ihr zart Beginnen...
Im Anfang ist das Fließen nurmehr zart,
doch ohne Angst wird es ein heißes Rinnen!

Es ist nichts dein, so wenig wie die Winde,
doch deine Blöße ist bedeckt mit Flor.
Und ausgekommen allem Hofgesinde,
stehst du geöffnet vor der Liebe Tor.

Du bist im Fluss, doch bist du heimatlos
in dieser Welt der leiblichen Genüsse...
Im Geiste bist du unbedeckt und bloß,
doch schwebst im Reichen du - der Überflüsse!

Hast du die Liebe als den großen Glanz,
beginnt in dir das Morgenrot zu fließen...
Und gar verworfen ist dein Ruhmeskranz
der Erde - doch du darfst das Sein genießen...

Hast du den Wunsch, wie Sträflinge ihn hegen?
so wirst du frei in einer Liebeswelt!
Du nimmst den Hauch der Liebenden entgegen -
der dich beseligt, wenn er dich befällt...

Und bist du auch im Geist der Mittellose,
so bist du doch im Fließen Seines Lichts -
Dir öffnet leicht Pandora ihre Dose,
jedoch zur Freude deines Angesichts.

Uns, ja uns allen aus den Nachtasylen,
uns ist verkündet von dem Liebesmeer,
und mahlen uns auch des Gesetzes Mühlen,
gehören wir gereinigt zu dem Heer

der Auserwählten in des Lichtes Strom -
Ja, uns erklingt zum Heil der Ton der Harfe!
Es öffnet sich vor uns nicht nur der Dom,
nein, auch der Liebesschrein - nach dem Bedarfe...

Apophasis - wir sind es, die da frieren,
denn kühlend ist das Geisteslicht und blass,
wenn es gewonnen ohne Sichverlieren
an jene Flamme, die das Ich vergaß!

Wer liebt, der weiß sich von der Blumenart,
die tief verwurzelt in dem Reich der Geister,
und die aus Trieben, welche jung und zart
gar kräftig sprosst - zu ihrem Herrn und Meister!

Wenn Seine Stimme dringt von ferne her,
und ist im Herzen längstens nur Sein Wille,
dann trägt sie Liebeswasser in ein Meer,
das fast vertrocknet, doch nun in der Fülle!

Apophasis - vom reichen Fluss der Liebe;
er wird erworben und nicht nur geschenkt;
gereinigt fallen wir durch alle Siebe -
Er fängt uns auf, der Schicksalsströme lenkt!

*Phaos rhyentes...(übers.: fließendes Licht)
Fließendes Licht der Gottheit, nach Mechthild v.Magdeburg

April love

Heut' im April, steigt schon ein Sommerblau,
das hoch sich zittert durch die grünen Sprossen!
Der ganze März trug täglich Grau in grau -
und wie die Wassermassen sich ergossen...

Nun schau ich mir den Himmel fröhlich an
und lausche huldvollst seinen Sonnengästen,
durch deren Jubiliern wir ganz genau
den Frühling trennen von des Winters Resten...

Und was besagen uns die Wettertreiben?
die dem April das Ungewisse bringen:
mit letztem Schnee schon erstes Vogelsingen!

Ach! Öffne weit nur deine Fensterscheiben
und trink das erste Blau in durstgen Zügen!
Ist Sonne nicht - lass dir am Grün genügen...!

Armut ist kein Glanz von oben...

(nach R.M.Rilke)

...denn dein ist nichts, du trägst das Nichts in Stolz,
als ob Nichtshaben eine Tugend sei...
Ja, lieber bricht ein hartes Eichenholz,
eh es sich beugt…, wie einst im Mai!

Auch mein ist nichts, so wenig wie des Windes,
und Nacktheit deckt kein noch so großer Ruhm...
So trage einfach Kleider des Gesindes
- das ewig war in Gottes Königtum -

Du bist halt arm, weil man dir das entzogen,
was dir gehörte, denn dich verließ die Kraft...
Du lebtest, und schon hat man dich betrogen:
so freue dich des Teils, den du geschafft...

Denk an das Tier, das tagelang nichts fraß;
denk an die Vögel, die im Winter frieren!
Wie ewig traurig geht's gefangnen Tieren:
So wer ist der, der einfach sie vergaß...?

Man soll den Armen niemals deshalb loben,
denn Armut ist mitnichten Glanz von oben...

Auf Sand gebaut...

Es kommt der Tag der trunkenen Narzissen,
da alles Welttheater untergeht,
und wir, die wir betrügende Kulissen
sind aufgestellt - und leichthin weggeweht.

Der Balsamduft der Lüge hat die Wunde
der Welt mit seinen Düften angeschmiert,
so dass sie in der trüben Nebelstunde
sich zugedunkelt,- angstvoll kaum noch rührt...

Die Possenreißer reden wie Propheten
und ihre Lügen tönen lang und laut;
auf dieser Bühne kann man nicht mehr beten,
denn selbst die Kirchen sind auf Sand gebaut!

Aus eigner Kraft?

Was kann mich schon die Liebe lehren?
die Weisheit, die beständig tagt?!
Allhier muss beides ich entbehren,
weil mir der Himmel sie versagt!

Was nützt ein Wort aus klugem Munde,
was nützt Genuss von Götterwein?
schlägt mir erst meine Abschiedsstunde,
dann werde ich alleine sein!

Was nützt es, dass durch Hohe Mächte
die Weisheit streng nach oben zieht?
dass Liebe ihre Herzens - Rechte
verlangt und ruft in ihr Gebiet?

Wie soll ich die Gebote halten?
als dummer, schwacher, kleiner Knecht?
Ich komme, wo nur Feinde walten,
doch nie zum angestammten Recht!

Es sei, dass meinem schwachen Leben
von oben wird vermehrte Macht!
dann kann vielleicht, mit heißem Streben,
zum Licht ich steigen - aus der Nacht…

Bald...

... **B**ald dringt der Lärm zu mir von den verschneiten
Gefilden, die dem Wintertod geweiht...
Bereitet Wärme vor durch die Gezeiten,
denn irgendwann hat's überall geschneit.

Noch trägt die Welt die Ära des Geschmeides
und wird so bleiben bis zur letzten Mahd;
noch lauschen wir dem Rauschen des Getreides,
bereiten dann uns vor zum Heimatpfad -

Das Wort erklang seit je durch die Askese-
erleuchtend, wo ein Mensch sich ihm empfahl;
nur jener wird es fassen, der es lese,
anstatt zu bleiben in dem Nebeltal...

Das Schimmern eines lieben Augenpaares,
das mir wie stets heut liebevoll erglimmt,
wird dann zum schönsten Sternenlicht des Jahres,
denn Liebe ist dem Lichte zubestimmt!

Australien und Great Barrier Reef...

Das Land, es lebt mit Succulenten:
Beweis für Wüsten-Klimata...
Für den Tourismus-Absolventen,
sind allerlei Gefahren da!

So wildromantisch auch die Wüsten,
so malerisch die Buchten sind;
es wäre gut, wenn alle wüssten,
was voller Gift im Buschwerk spinnt!

Des Outbacks Wüsten-Paradies,
die Parks, die jede Stadt umgeben,
sind angefüllt mit Kolibris
und Kakadus und Sittich-Leben...

Doch wehe, du verlässt die Straßen,
dann bist vom Outback du erfasst.
Man muß es sich nur zeigen lassen,
wie dieses Land voll Gift dich hasst!

Ein Nachbar grub sich seinen Garten
als eine Trichterspinne stach;
wir mussten drei Minuten warten
bevor sein blaues Auge brach...

Das Land- das schlimmste Ungeheuer,
samt Schlangen und mit Spinnenlust!
Es macht dir Ängste, ungeheuer -
so geh nicht hin, wenn du nicht musst.

Es weiß ja selbst der Fachgelehrte,
so sagt man auch vom Barrier Reef:
Kein Tier, das dort des Gifts entbehrte...
obgleich, das Wasser sei nicht tief...

Bald kommt die Nacht

Der Wandrer lebt nach seiner Art:
beim Rasten sitzt er ernst und stumm.
Das graue Haar in seinem Bart
beweist sein Leben: rauh und hart -
doch bald ist seine Zeit nun um...

Die Wälder ruhn, das Feld ist leer,
die Glocke klingt für ihn von fern:
ihr matter Ruf dringt zu ihm her,
wird schwach, verhallt - und ist nicht mehr;
zum Himmel steigt ein erster Stern.

Im Dämmern raschelt sacht ein Reh
und scheut - die Flucht ist ohne Ziel...
Des Wandrers Herz, das nun fast bricht,
ob er sein Ende sieht im Licht?
denn seiner Taten waren viel.

Die Knochen schmerzen, Haare greis,
und langsam fließt und schwer sein Blut.
Die Jahre fordern ihren Preis
von ihm, der um sein Sterben weiß -
und vieles scheint ihm nicht mehr gut!

Die Winde singen um ein Haus;
der Wandrer ruhet sehr bedacht...
Dann horcht er in das Weltgebraus
und bläst die letzten Lichter aus -
und stellt gelassen sich der Nacht!

Noch ist Lenz

Veilchen und blühende Zeiten
leben im Frühlingsbann;
Götter der schwellenden Weiten,
haltet die Tage an...

Sendet von schneeweißen Lämmern
eines als Himmelsflor;
Spiegelt doch rotes Dämmern
uns schon den Sommer vor!?

Seht ihr den Sommer dort lehnen
wartend auf seinen Tag?
Wir woll'n ihn nicht ersehnen,
weil ich den Lenz doch mag...

Bitte!

Horch nur! wie der Sturmwind braust,
rüttelt auch am Erker;
wie er unterm Dache haust -
rüttelt immer stärker...

Bete jetzt! zur Schlafenszeit;
falte deine Hände!
Heute ist der Tod nicht weit -
naht sich schon behände...

Glockenleuten: Feuersbrunst!
Sieh der Flammen Lohen...
bete um der Laren Gunst,
wenn die Gluten drohen...

Blaue Stunde

Wie oft lag ich und ringsumher nur Wald,
wenn Abendhimmel liebesrot verbrennen.
Am Himmel schwimmen wolkiger Gestalt
die Geister, die wir nirgendwie benennen...

Der Heide letzte Sonnenglut ist warm,
und nur die Wolken werfen blaue Schatten.
Wie sind der Menschen Seelen doch so arm,
die nie das Glück des Heideabends hatten...

Ich weiß genau, ich bin, da Liebe ist,
weil Gottes lichte Blicke mich gefunden.
Und nun, weil mich die Heide warm geküsst,
schenkt Heideduft mir jene blauen Stunden...

C`est la vie...

Wenn einst mein Geist mir meine Stunde scheidet
und mich zu einem andern Land erhebt,
dann gehe ich als Bettelmann gekleidet,
der aus dem Dunkel zu den Sternen strebt!
Vergessen werde ich die Erde nie:
C'est la vie...

Man schält mich gleichsam aus des Dunkels Rinde
und fährt mit mir gar zeitenlos dahin...
und alle Angst, die ich vielleicht empfinde,
vergeht beim Blick auf meinen Neubeginn!
Vergessen werde ich die Erde nie!
C'est la vie...

Ganz umgewandelt wird mein Herz und kündet
und all mein Denken wird mir recht bewusst -
Kein Lebewesen hier weiß, was empfindet,
der lebend eingeht in der Engel Lust!
Doch: alte Erde, dich vergess ich nie...
C'est la vie!

Nun, gar vergessen sind der Welt Gefahren,
vergangnes Leben - doppelt erdenschwer...
Vergessen sei das Leid von jenen Jahren,
und ich gedenke jener Zeit kaum mehr...
Jedoch! die Erde! - ich vergesse nie:
C'est la vie!

Nun warten meiner ungezählte Tage,
und niemand setzt dem Leben eine Frist!
Und ich bin hier, vom ersten Glockenschlage
bin ich erfüllt von dem, was wirklich IST!
...doch meine Erde... die vergess ich nie!
C'est la vie!

Curriculum Vitae
– Lauf des Lebens

Ach! später Herbst, ich geh dir so entgegen,
dass meine Blicke schmeicheln Baum und Strauch;
wohin sich deine Farben immer legen:
Der Wind nimmt mit den letzten Sommerhauch!

Die wunderbare sommerliche Fülle,
die hoch vom Rebenberge einst gereift,
die trägt schon jetzt die tödlich bunte Hülle,
die längst schon unsichtbarlich nach ihr greift.

Jedoch! in deines Zaubers vielen Farben,
die königlicher sind als Herrscherkleid,
da sind schon einige, die sommers starben -
und mir wird klar: das ist der Ring der Zeit!

Doch will ich preisen, trotz der Todesfarben,
gabst du doch allen reichlich Wintermahl!
Ich denke noch der letzten goldnen Garben
der letzten Sonne, hier im Gottestal...

...und ich fühl weiter, will's mich überkommen:
die Ackerkrume bietet ja Magie!
Denn was du winters uns hast fortgenommen,
das wird erneut - und das verlässt uns nie!

Das Leben lohnt...

Manche Träume, die ich tief genossen;
mancher Kampf, bei dem ich nicht geschont,
jeder Regenfall, der mich begossen -
alles hat sich irgendwie gelohnt!

Liebesfeuer, das mein Herz ließ brennen,
Sorgen, Kummer, was das Herz beschlich -
manchmal schwer, man kann es kaum benennen...
und die Narben? - Sage, lohnt es sich?

Alle Zeit ist innendrin verschlossen,
auch wer mich zu diesem Leid bestellt -
Bruder! hast du diese Welt genossen?
Einz'ge Hoffnung ist: verlass die Welt!

Das Panier

In meines Lebens hellen Stunden,
in denen sich mein Sein vertieft,
hab ich gar vieles aufgefunden,
das Ihr von oben zu mir rieft:

Das Feuer ist der Brand der Liebe
und Helligkeit der Weisheit Licht!
Wenn ohne eins das andre bliebe,
dann gäbe es das Leben nicht!

Mein Leben stammt aus jenen Räumen,
die ich einst hatte als Asyl,
und nur in meinen wachsten Träumen,
da sehe ich, wie einst es fiel...

Nun blicke ich in alle Schatten,
denn aus dem Dunkel kam mein Licht,
und die es nicht gefunden hatten,
erwarten bald schon ihr Gericht!

Aus Dunkelheiten stammt die Flamme
des Lebens - alles steigt hervor...
Und weil ich aus dem Dunkel stamme,
dien ich zur Flamme mich empor!

Nicht nur das Feuer, nur die Wärme-
nein auch der Weisheit Licht sei mein,
denn wenn ich von dem einen schwärme,
so muss das andre bei ihm sein!

Ich stamme aus den Finsternissen;
wir alle sind in Dunkelheit,
doch wenn wir unsre Fahne hissen,
so steht darauf: Barmherzigkeit!

Das milde Gesetz

Die Milde ist das sanfteste Gesetz,
an dem wir reifen, wenn wir mit ihm ringen.
Ein Wald aus dem wir nachts nachhause gingen...
ein Lied, das wir im tiefen Schweigen singen;
sie ist ein großes ewig festes Netz,
darin sich Licht und Wärme strahlend fingen...

Wir lassen Hände auf den Herzen ruhn -
wir haben hehren Muts getrost begonnen
und scharen um uns Menschen und Madonnen,
bis alle, durchgereift durch tausend Sonnen,
nun still erdulden, was Hierarchen tun:
Sie trinken aus des Lebenswassers Bronnen!

Doch alle: Auserwählte, Jünger, Meister,
in Heilge Hallen gehn sie ein der Geister...

Dein Bild...

Manchmal, wenn im Dämmerlichte
mir mein Innerstes erwacht,
scheinen selige Gesichte
aus der lauen Sommernacht...

Dann scheint oftmals aus dem Sehnen
Göttliches mir unverhüllt,
und ich seh' die Macht des Schönen,
und mein Sehnen wird gestillt.

Wenn ich dann im stillen Tale
sitz'- Genießender-, im Hain
reicht´s mir unversehn die Schale
mit der Götter Jugendwein.

Jugendwein ist Sternenfeuer,
allen weithin unbekannt -
Einstmals kommt es als ein neuer
Nektar aus der Götter Hand!

Wenn dann noch die Nachtigallen
schlagen - und der Dunst zerrinnt,
weiß ich, dass im Geisterwallen
Licht und Liebe für mich sind...

Und ich merke: Ungealtert,
wacht der Stern der Jugend hier,
der mein Erdensein gestaltet
und DEIN großes Bild in mir...

Deine Spuren im Sand...

Heute saßen wir am Strand -
Sah'n im Schaum die Wellen treiben;
mit den Zehen grubst im Sand
Zeichen du, die doch nicht bleiben -

Und du freutest dich des Spiels
sandiger Gelegenheiten;
als die Welle kam, zerfiel's
weit in die Vergänglichkeiten...

Kurz blieb deine Spur am Strand;
als wir so am Wasser saßen,
wusch die Welle aus dem Sand
alles, was du dagelassen...

...später - als ich dich verlor,
wir getrennte Wege fuhren,
wuchs in mir der Schmerz empor
als die letzte deiner Spuren...

Deja vue...

Sieh, die Eisblumenfächer,
woran die Kinder geträumt...
Rauch quillt über die Dächer,
von hellen Nebeln umsäumt...

Ach, ich habe den Morgen
irgendwann doch schon erlebt?
Nichts bleibt dabei verborgen,
was sich ins Auge hebt!

Gleiches Ereignis gesehen?
und das zur selben Zeit?
Parallelwelt - Geschehen:
Andre Persönlichkeit!

Dem unbekannten Gotte

Ich darf Dich, Gott, nicht eigenmächtig malen!
Du bist wie Dämmern, das zum Morgen wird -
Ich kann aus alten nichtgeprüften Schalen
nicht Deine Unermesslichkeiten strahlen -
Ich habe oft im Geistigen geirrt...

Wir schaffen Schemen – falsche - mit Gedanken,
und lauter Mauern, die wir um Dich baun;
und stehen sie, die unsichtbaren Schranken,
um die sich oftmals Rosenstöcke ranken,
beginnen wir sie betend anzuschaun...

So lebte ich in vielen dunklen Stunden,
und dachte, dass mein Wissen sich vertieft;
Zwar habe ich nie Dich darin gefunden,
doch schlug mein Liebeherz mir tiefe Wunden
durch euch, ihr Lügen, die ihr in mir schlieft!

Nun steh ich, zeitgemäß, vor meinem Grabe
und pflanz den Baum des Wissens mir mit Zwängen.
Zum Greise ward der leidgeprüfte Knabe,
mit leeren Taschen, meiner ganzen Habe...
verloren in Gebeten und Gesängen!

Der Eckstein, der ein Stolperstein wird...

Es schmiedete der Engelschmied
die Krone, die den Einen zog:
er band ein jedes Kettenglied,
indem er's hier und dort verbog...

Die Krone war nicht nur ein Ding,
das durch ein Schicksal so geschieht;
geschmiedet war ein jeder Ring
vom Schmiede, der das Böse mied!

Die Krone trug nur einen Stein,
doch ward von diesem Stein getragen,
und durch den Einen wurde Sein
und wurde Sieg - und waren Fragen...

Der Stein, es war ein Stein zum Fallen,
denn viele stolperten damit,
statt aufzubaun auf ihm - von allen
tat mancher einen Taumelschritt.

...und um den Stein, da stand man fragend,
so mancher sah ihn als Rubin
und liebte ihn als Schmuckstück - tragend
schuf anderswo er Dynastien.

Man richtet Kirchen auf ihm ein,
doch viele sind, die ihm nicht trauen:
So wäre er ein Stolperstein?
Nein, denen nicht, die auf ihn bauen!

Der Krieg...

Du warst seit jeher für der Liebe Wärme
und freutest dich auf Lebensewigkeit!
Stattdessen dringt dir Tod in die Gedärme,
und du warst doch noch lange nicht bereit!
Im Tode ist das Leben niemals fair:
c'est la guerre!

Du wünschtest dir ein Leben: rosenrot
und Teppiche mit Alabasterstreifen;
stattdessen lebst du nun von Schimmelbrot,
und selbst dein Korn verfault im Überreifen...
Du hoffst es, doch es sättigt dich nichts mehr:
c'est la guerre...

Du ankertest vorm Sturm dein Lebensboot
und wartetest auf Lenz und auf Schalmeien -
Stattdessen langt nach dir der Wassertod,
und keiner hilft, da kannst du lange schreien;
es gibt für dich hier keine Wiederkehr:
c'est la guerre...

Du dachtest bei den Göttern hilft dir beten?
und hofftest auf Gesundheit in der Welt?
Stattdessen hat man dich halbtot getreten,
und keiner fragt auch nur, was dir denn fehlt!
Und rüttelst du am Himmel noch so sehr:
c'est la guerre...

Und stehst du droben irgend auf dem Turm,
so habe Angst, dass sie dich abwärtsstoßen -
Du bleibst zuzeiten immer nur ein Wurm,
und du gehörst auch zu den Wirkungslosen!
Vergebens fliehst du irdisch hin und her:
c'est la guerre...

Vielleicht in eines andern Raumes Zeiten,
da wartet man, da kennt man keinen Krieg!
Jedoch vielleicht erkennt beim Überschreiten
der Grenzen man dich - stoppt so deinen Sieg?!
denn diese Welt ist klebrig, so wie Teer:
c'est la guerre...

Doch einestages, dann wird es sich wenden;
man zieht dich endlich aus dem Teer an Land!
Wenn alle Erdenkriege endlich enden,
dann reicht das Jenseits dir mitmal die Hand.
Befreit vom Dreck, gleich einem pommes de terre,
da rufst du freudig aus: C'etait la guerre!!!

Der Gral (Sang Royale)

...Und willst du nichts als Wahrheit haben,
dann suche sie, und läg sie tief;
du hebst sie nur mit ernstem Graben,
und hebst sie nur, wenn sie dich rief!

Hast du die Kraft sie dir zu heben?
dann wird sie stark und Labsal gar;
sie wird mit Sicherheit dein Leben
verändern, denn es wird nun wahr!

Doch solltest du sie auch nicht finden,
so hast du eines doch entdeckt:
Die Wahrheit liegt im Überwinden...
Der Gral liegt tief in dir versteckt!

Der letzte Psalm

Schneeweißer Weg, der sich im Licht verliert
mit Wintersonne tauend im Gelände...
Was sich an deinem Wege einst gebiert,
das wird uns heute schon zur Glaubenswende.

Der Himmel über dir: ein Diadem!
Geheimnistransparent ist auch sein Ahnen;
das Wandeln ist auf dir nie sehr bequem,
doch sind zumindest eingefasste Bahnen.

Dort überm Wald, der lichte Ahnungsschein?
Ist dort der Fürst, versprochen diesem Lande?
Ich höre ihn, er kehrt zu Abend ein,
denn Engel spielen seine Sarabande...

Ach Neue Zeit, du wahrer Hoffnungswalter:
Wann singst du wohl den letzten Erdenpsalter?

Der neue Tag!

Du süße Nacht - du gleitest leisen Schritts,
wie dunkler Samt, der sich zum Tage lichtet;
und deine Geister dienen sanften Tritts
auch dem Poeten, der das Wort verdichtet.

Du - der die Stunde Tag um Tag vermisst,
bist in der Schöpfung heiß umschwärmter Meister...
Es hat die Erde Flaggen Dir gehisst,
doch nur die Seelen Dir bekannter Geister.

Doch einmal spleißt die Luft - ein Zackenblitz,
und sichtbarlich erscheinen die Auguren,
die uns vom hehren, blauen Wolkensitz
erstellen Neue Zeit auf andern Uhren...

Dann sind - in einem reingestimmten Blau,
wir gar verzaubert von der Liebe Tönen;
und ich? der ich die Wahrheit gläubig schau,
Mir wird die Zeit - mich hebend zu gewöhnen...

Du süße Nacht! - an manches Waldes Rand
lag ich verträumt und dachte mit der Seele -
und mit dem Lenze kam das feste Band,
das mich umschlang, auf dass ich mich vermähle...

Der laue Wind, der um die Wälder streift,
er zeigt mir an im Dämmern das Verstummen,
das nach der letzten Glocke Klang verläuft
mit einer Biene leisem Heimwärtssummen.

Ich hör die Erde - fordernd wirkt ihr Klang,
der mir im Innern Unsichtbares baute...
Hochaufwärts dringt mein zärtlicher Gesang
und es erschallen unhörbare Laute.

Vom lauen Winde sanft dorthingeschleift
vernehm ich oben wunderbare Stimmen;
es hat der Wind die Harfen wohl gestreift
der Rosenwolken, die am Himmel schwimmen...

Ich seh die Feen im geschmückten Saal
den Sphärensang an Silberspindeln üben -
und über allem gleißt ein Licht, zumal
mein Geistesauge schaut verklärt nach drüben...

Werd ich dann drüben sein in meinem Ich,
so ruft es mich zu andern, neuen Pflichten;
...die in der Welt schon riefen, rufen mich
nun zu beenden, was die Geister dichten!

Du süße Nacht! - du gehst mit leisem Schritt,
und meine Seele gleitet mit dir mit...

Der neue Stern...

Wenn ich zur Winternacht den Ofen schüre,
so fällt mein Blick voll Sehnsucht sternenwärts -
Ich sehe ihn, als ob er mich berühre,
den fremden Stern, er fällt mir in mein Herz.

Er gleißt und sprüht in einem weißen Lichte,
und größer scheint er mir als ein Planet;
ich gebe ganz mich hin und im Gesichte,
da spür ich Tränen - Herz sprich dein Gebet!

...und wie er da war, so ist er verschwunden:
für mich ein Wunder, sei es noch so fern -
Ich bleibe diesem Zeichen fest verbunden
und rufe dich, den nie gekannten Stern.

Der Schrei!

Nun ist die Zeit! - wir müssen all den großen,
doch überholten Göttern nicht mehr glauben.
Wir müssen mutig sein und sie verstoßen;
sie werden sonst den Rest der Wahrheit rauben!

Sie war'n gewaltig, Freunde im Verändern
der Wahrheit - doch die führten uns zu Spiegeln
und setzten Grenzen uns in ihren Ländern,
und suchten diese Grenzen zu versiegeln...

So scheint die Wahrheit uns als ein Mäander,
und alle Krümmung schien sich zu verstecken -
Jetzt, da sie endlich passen zueinander,
die Bilder - muss man uns auch voll erwecken!

Dich aber will ich jetzt, denn ich erkannte:
die Rose und die Lilie - und ich weiß:
Die Flamme, die uns früher nur verbrannte
erleuchtet nun die Nacht im Sternenkreis...

Der Türmer...

Mein Reich - ich überschau' es weit,
weit jenseits meiner kleinen Welt,
und außerhalb von Raum und Zeit,
scheint mir mein Amt, bin ich bestellt.

Der Winter ist im Turme kalt,
doch hilft mein Kachelofen mir,
denn unten bringt der Buchenwald
dazu das Scheiterholz herfür...

Die Menschen sehe ich nur klein;
sie merken zwar der Stunde Schlag,
doch wer denkt wohl ins Herz hinein:
was wohl die Stunde schlagen mag?

Dort unten seh ich am Altar
die Jungfrau mit den Wangen - bleich
und einen Hochzeitskranz im Haar:
Sie träumt vom Glück und fühlt sich reich.

Den Pflüger seh ich ackern gehen.
Hör', was des Sommers Reife spricht!
Den Landmann sieht man rechnend stehn
ums Geld, er sieht das Schöne nicht.

Den Freund seh ich, dem Glockenklang
lauscht er - und ist schon längstens Greis;
ihn dünkt sein Ende nicht mehr lang,
weil er ums Weltgeschehen weiß!

Zwar hat sein Haus er gut bestellt -
ich seh, wie's ihn zum Friedhof zieht...
so sehe ich auf alle Welt,
und dass nichts ohne Gott geschieht.

Mein eigen Ende? Kommt es bald?
Ich bin noch frisch und doch bereit!
Schon sinkt ja hinterm fernen Wald
die Sonne hin - zur Ewigkeit.

Der Weg...

Schon immer war mir so zumut,
dass ich die Höhen wollte zwingen;
mein Leben lag in Seiner Hut -
ich betete um ein Gelingen!

Ich stieg hinan beim ersten Schein
des Morgenrotes - im Erglühen;
der hohe Tag, die Erde mein
in diesem herrlichen Bemühen.

Da mitzuwirken ich bestrebt
(Getragensein war kein Genügen)
so folgt' ich dem, was oben lebt:
dem Adler und den Vogelflügen.

Mit ungetrübten Kräften sprang
ich anfangs auf die Felsenhöhen -
Gar bald schon schien des Sturmes Sang
mich Menschlein fast hinabzuwehen...

Ich trotzt' dem Sturme und umschloss
den Fels mit ängstlicherem Bangen;
das Wasser, das mich übergoss
vereiste schon auf meinen Wangen.

Prometheus, der ihn einst umfing,
den Stein, mit schmerzlichem Gebete
war Vorbild mir, und wo ich ging,
sah man in Ängsten, wie ich flehte...

Mir war vergangen alle Lust,
und ich beschloss mich aufzugeben.
Da flammte meiner Ängste Frust
urplötzlich hoch in neuem Leben.

Als ich die ersten Geister fand -
ich schrak vor ihrer Geisterliebe,
doch mit dem letzten Rest Verstand
beherrscht' ich mich und meine Triebe.

Mit ihrem Mute stieg ich an;
erloschen war'n die warmen Sonnen -
ich blieb ein angsterfüllter Mann,
doch meine Zweifel war'n zeronnen.

Nun stand ich vor dem neuen Zweig
des Weges, im Begriff zu steigen -
Ich fühlte über mir den Steig,
doch wusste nicht, wohin zu zweigen...?

Ich sah den Abgrund, der mich lockt
und spürte grausiges Entzücken.
Die Höhe! - dass mein Fuß nicht stockt -
und nurmehr Felsen, keine Lücken...

Dort hinter mir der Felsenbug,
der schien zum Wege zu gehören?
Was mich verwirrt - und hierher trug,
das war ein Geist; ich könnte schwören!

Dann stieg ich ab zu jenem Stieg,
der sich verzweigte - eine Schwelle,
sie ging ich an, wo alles schwieg,
als ich betrat die Hoffnungshelle...

Nun war bestanden die Gefahr;
ich war im Reich der reinen Geister!
Was weiter noch zu steigen war:
ich tat's an Händen hoher Meister!

Der Seher

So manches Mal als Seher großer Welten,
war ich der Horchende am Runenstein...
Ich wagte es mein Auge weit zu breiten
und sah doch nichts als nur das Einsam-Sein.

Wer sandte mich in diese fremden Lande?
durch Sand und Staub, da heiße Winde wehn;
Verschwitzt und dürstend, Pilger im Gewande,
musst ich ins grobe Dunkel auswärts gehn...

... und um mich flüstern Stimmen und Gestalten
mit mir - ach, wär ich davon abgetrennt,
denn diese von den dunkelhaften Alten
sind, ohne dass die Neue Welt sie kennt!

Der Weg ist das Ziel…   (Lao-tse)

Das Ziel ist alles, doch der Weg ist nichts,
drum forme Sehnsucht dir zum rechten Ziel.
Und gehst du fort und fort den Weg des Lichts,
so musst du helfen dem, der vor dir fiel…

Ist immer einer, der in Irrsal ging
und seine Füße stieß an jedem Stein;
du hast das Ziel - der an dem Abgrund hing
braucht Hilfe nun, denn er stieg ganz allein…

Der Gipfel Schweigen und der Himmel Schein
die Zielgewissheit und der heil'ge Ruf,
sie zeigen dir, wo einer einsam sein
Gehege hat und sich die Wege schuf…

Die falschen Wege, die er einsam irrt
und sich besann, doch stetig stieg und rang -
Dem Bruder hilf, denn er ist nun verwirrt,
da ihm ein andrer gab den falschen Klang…

Lass Flügel wachsen deiner Seele Lied,
entfaltet sich in dir, was helfen will;
so führ den Irrenden auf dein Gebiet:
Der Weg ist nichts - denn alles ist das Ziel!

Des Schlafes Bruder kommt heran...

Wenn der Herbst kommt, musst du wandern;
schick dein Herz zur Kinderzeit.
Falten im Gesicht der andern
zeigen dir Vergänglichkeit.

Wenn sie alle draußen schreien:
Neue Welt und Neue Zeit -
Lass dein Herz dir nicht entweihen,
wart' getrost der Ewigkeit.

Webe, was du dir im Fleiße
vom Gespulten abgetan.
Sei's, dass man dich gottlos heiße;
fang kein falsches Leben an...

Viele Parzen spinnen, weben
Menschenleben, Menschenwahn!
Lebe du ein einfach Leben;
andern tu' nichts Böses an!

Die beste Zeit

Zum Lieben ist jedwede Zeit
zuguterletzt die beste;
zumal, wenn's Herze ist bereit
zum innerlichsten Feste. -
Die Liebe, wenn sie braust und schäumt,
ist schön - noch schöner, wenn sie träumt...

Zum Lieben ist die beste Zeit,
wenn Lenz singt in den Lüften. -
Die Sonne scheint, das Land ist weit,
und kühl weht's aus den Klüften.
Man windet dir den Jungfernkranz
und eitel Liebe ruft zum Tanz.

So ist zum Lieben jede Stund
die beste und die rechte;
es braucht zum Lieben keinen Grund
für beiderlei Geschlechte -
Man nimmt sich einfach in den Arm
und unversehn ist's lieb und warm...

Ach ja! und dass ihr's nicht vergesst:
die Liebe will stets geben -
Wer nicht gibt auch den letzten Rest,
der liebt im falschen Leben!
Die Lieb' ist Licht, das alles gibt,
was sie für sich am andern liebt!

Die Brücke

Du schufst aus innerstem Entzücken
im kühnen kalkulierten Flug
den Bau der höchstgeschwungnen Brücken,
der Lasten ohne Bersten trug...

Dein Wunder ist, dass dein Gemäuer
voll Weisheit spielt mit der Gefahr.
Zwar ist das alles sündhaft teuer...,
doch immer bleibt es wunderbar.

Gelang dir innerstes Verstreben
zu unbeschreiblichem Verband,
so hast du, genial im Weben,
Gesetze des Verbunds erkannt...

Die eingespannten Kräfte zwingen,
sich auszuspannen zwischen zwein,
was feste Punkte stets bedingen:
Lass fest sie ohne Ende sein...

Die des „Guten Willens"...

Das große Weinen dieser Welt,
als ob sie schon begraben wäre!
Als ob nicht Hilfe niederfällt
von oben in die Erdenschwere.

So lasst uns warten auf die Sterne,
die uns den Weg zur Heimat zeigen
und wer den Weg nicht kennt, der lerne
und mache ihn sich schnell zueigen...

Natürlich sind wir in der Nacht,
doch Engel haben große Flügel.
Sie haben Liebe mitgebracht
und geben jeder Stirn ein Siegel.

Und während wir noch zweifelnd hoffen
auf Rettung durch der Engel Schar,
steht doch des Himmels Tor schon offen
für den, der „Guten Willens" war!

Die Ersten und die Letzten

Senke dich zum letzten Erdenmahle,
das aus Hochbereichen zu dir fließt.
Sieh die herrlichkeitsgefüllte Schale,
die dir Lebensströme frei vergießt!

Werde still - und allseits rein und klar,
dass in dieser aufgeladnen Stunde,
deine Wahrheit in dir werde wahr -
und sie sei geformt aus tiefem Grunde!

Weißt du schon, wohin die Sterne reichen?
Ist dir klar, dass du die Brücke bist?
Sieh die Angst in jenen marmorbleichen
Ungesichtern, da die Zeit sie frisst!

Setz dich nun zum ersten Friedensmahle,
das erfüllt ist, Heiligkeit zu sein. -
Nutz' die Liebe, trinke aus dem Grale,
noch ist Zeit, denn du bist nie allein...!

Die Linde

Gar köstlich sinkt dein Abendgruß
aus deinem Blätterkranze...
und auf der Bank, an deinem Fuß,
ersann ich manche Stanze.

In deinem grünen Blätterdach,
hegst du auch meine Träume,
die aus dem Herzen - nach und nach -
hochstiegen in die Räume.

Ach Linde, ich hab tränenschwer
oft deinen Trost gefunden.
Ich war bei dir gar matt und leer -
du halfst mir zu gesunden!

Auf deinem Hügel, der ein Grab
aus früher Zeit gewesen,
warst du mir Stütze oft und Stab,
im Herzen zu genesen.

Dein Hügel war ein starker Ort
des Heils, der Erdenkräfte.-
Du wurdest immer mehr mein Hort
durch deine starken Säfte!

Du ließest auf mich manchesmal
die Lindenblüten fallen
und aus dem Duft klang süßer Schall
von deinen Nachtigallen...

Da deine starke Wurzel schlägt
in moderige Grüfte,
bist du es auch, die umgeprägt
den Tod in deine Düfte.

Ich sitz bei dir und seh den Tod
des Lebens - meine Grenzen...
doch du willst noch im Abendrot
mit Blüten mich bekränzen.

Wenn einmal dein Geflüster stummt
auf diesen Grabeshügeln,
wenn dich kein Bienchen mehr umsummt
mit seidenweichen Flügeln,

dann siegt dahin dein Lebensquell -
doch ich bin längst gegangen!
Du lebst im neuen Triebe hell;
mich hat der Geist empfangen...

Von oben denke ich an dich,
an deiner Wipfel Wehen...
und einestages sehe ich
dich, Linde, auferstehen!

Wenn dein Naturgeist sich gesellt
zu mir, mit einem Grüßen,
dann sitz ich in der andern Welt,
wie einst, zu deinen Füßen...

Die Nacht der Poeten...

Es reden tausende Poeten
von dir du sternenklare Nacht.
Sind viele Menschen, die noch beten
vorm Einschlaf bis zum Aufgewacht?

In deinem dunklen Sternendrängen,
sind deine Gaben meisterlich,
dieweil bei deinen Ätherklängen,
die Nachtpoeten treffen sich.

In deiner sanften Abendstunde,
die für die Dichter wie gemacht,
läuft mancher dich zu seh'n die Runde,
denn jeder liebt sie: deine Pracht!

Und klingen tausend Engelharfen
im Schwingen der Verborgenheit,
so sind Poeten, die mich warfen
ins eigne Herz der Seligkeit...

Durch alle Winde dringt ihr Stammeln,
denn Dichter haben dich erfreut!
Und Dichter suchen auch zu sammeln,
was ihnen ihre Kunst gebeut.

...und der Poet der Sommerlinde,
der warmen Nacht, hat dich im Sinn,
und reimt im duftgefärbten Winde,
dass ich, der's schreibt, der Dichter bin...

Doomsday...

(Tag des Jüngsten Gerichts)

Die lange Nacht ist nun vorbei;
wir wollen, dass der Morgen sei!
Wir schreiten in das Leben...
Zwar weht ein scharfer Morgenwind,
so wird das Schreiten recht geschwind
und emsiger das Streben.

Die junge Erde: blau und grün,
sie lässt die Hoffnung neu erblühn
und will sich lenzlich färben.
Von Tag zu Tag wird neu das Land,
und alles wächst aus Gottes Hand
zum Leben - nicht zum Sterben...

Wir ziehn der Erde hinterdrein,
denn neues Wesen soll es sein,
und Glaube werde Wissen!
Wir alle, die im Herzen gleich,
wir leben für ein Gottes Reich:
Paniere neu zu hissen!

Die alte Welt - wie öd und leer,
wie tief im Drachen Michels Speer!
Das Alte liegt in Scherben...
Doch mit dem letzten Donnerschlag
beginnt für uns der Jüngste Tag:
Zum Leben - nicht zum Sterben!!!

Doubt truth to be a liar,
but never doubt Gods love!
(frei nach Shakespeare - Hamlet)

Man hört es göttlich sicher aus dem Wort
und liest es aus dem Spiele der Gebärden,
woher es kommt, durch wen, von welchem Ort:
das neue Heil und auch das neue Werden!

Nun wird die Dunkelheit zur hellen Flamme,
die nimmermehr sich und die Welt begrenzt;
ich weiß nur eins: warum - woher ich stamme,
sah ich als erster doch, wie hehr es glänzt!

Nun zieht das Neue auf zum Himmelskreise,
und ausgelöscht ist jener schwarze Mord;
es laufen auf dem irdischen Geleise
die Seelen zu dem vorbestimmten Ort!

Ich lebe noch, wenn das Jahrtausend steigt
und fühle, wie von einem starken Willen,
der göttlich ist, vor dem sich alles neigt,
das Auserwählte schwebt hinauf zum Stillen...

Die innere Burg

(Theresa von Avila)

Im Gebälk der dunklen Glockenstühle,
hör die Glocke, wie sie Schall verstreut;
noch in großer Ferne, dass ich fühle
ihre Energie, die Rast gebeut!

Rast und Ruhe: weltliche Erfahrung,
die sich wandelt, denkst du tief hinein:
Wandle Ton zum Licht als Geistesnahrung,
wird es deines Daseins Brot und Wein...

Zauberkraft der sogenannten Sinne,
nimm den Wandel als ein Übermaß!
Dass der Glocke Ton zum Licht gerinne,
werde Mensch, der Irdisches vergaß!

Wirf die Zeit ins Nichts, das dann zerstöre,
was dir einmal gab der Demiurg.
Du jedoch, du prüfe nur und höre
und erob're kämpfend deine Burg!

Du größtes Rätsel...

Du bist das große Rätselhafte,
das nie und nirgendwo entstand;
was immer schuf , was Dich erschaffte:
Du warst kein Werk aus Götterhand!

Du brachst die ersten breiten Risse
in festgefügtes Denk-Gerank,
beseitigst alle Hindernisse:
Du bist das Boot, das niemals sank.

Du gleichst der Kugel nicht dem Kreise,
Du bist Symbol des Erdenseins.
Du bist in allem jede Weise,
und endlich bist Du auch noch eins...

Du machtest mir das Ungewisse
zu jener Form, die Himmel sprengt;
hinfort erschlugst Du Hindernisse,
die mir die Anti-Macht geschenkt!

...und ich? Ich fühle über dem,
dass Schatten decken meine Schale
des Grals und wie mir unbequem
der Aufstieg aus dem dunklen Tale...

Nun zeige mir den Abendstern,
den morgens preisen tausend Zungen -
und bleibe, Rätsel, nicht so fern,
doch lichte meine Dämmerungen!

Ich habe meine Einsamkeiten,
wobei ich gar zufrieden bin.
So gib mir Licht zum Weiterschreiten
vom Ende bis zum Anbeginn...!

Dunkle Kammern...

Wie viele dieser Kammern werden sein,
in denen einsam dunkle Wesen liegen?
Gebündelt, platzgespart - und sehr allein
und hatten gerne Mütter doch und Wiegen...

Sie sind gebannt in einem Arsenal,
dem Schatzhaus Gottes - ungelebte Dinge.
Und keiner ist, der ihre tiefe Qual
vorzeitig lindert zu dem Herrn der Ringe.

Es ist Gefängnis, rund, mit Eisenspangen,
und alle Gitter sind von Geisterhand -
und niemand hört ihr dürstendes Verlangen,
denn schwarz und schwer und lichtlos ist die Wand!

Nur Einer ist, der macht die Winde wehen:
Wer guten Willens aus dem Kerker strebt,
der darf für Augenblicke Lichtes sehen -
und einestages wird er neu belebt!

Durch alle Reiche wandern...

Wieder will ich alle Tode sterben,
alle, die ich schon gestorben bin...
Ich gehöre zu des Himmels Erben,
und ich gleite durch die Zeiten hin...

Sterbend floh ich aus den harten Steinen,
deren Härte an dem Stahl zerbarst;
solch ein Tausch bringt oftmals dich zum Weinen,
während du des neuen Lebens harrst...

Sterbend trat ich aus dem hohen Baume,
dessen Wurzel man mit Stahl zerschnitt;
sterbend schickte man mich zu dem Raume,
da man gab mir neues Leben mit.

Wenn ich nun als Tier geboren würde.
fürcht ich mich, denn ich weiß nur zubald,
dass ich über diese schwere Hürde
nur gelange: totgeschossen - kalt!-

Jetzt bin ich geboren Mensch zu sein!
Letzte Stufe auf der Himmmelsleiter. . .
Nur von hier seh ich des Himmels Schein -
und von hier geht es nur geistig weiter!

Einmal war auch ich. . .
("Υμνοι Θείων Ἐρώτων -
Hymnen der göttlichen Liebe)

Simeon Neotheologicus

Ich höre leise flüstern
die Geister in der Nacht;
ich sehe, wie sie lüstern
mir meinen Traum entfacht.

So dass ich statt zu ruhen,
fahr auf dem Geistergleis:
Jetzt muss ich etwas tuen -
und tu's um meinen Preis...

Unruhig fallen Träume
mich unversehen an.
Es rauschen wild die Bäume,
wie alles wild begann.

Ich liebte und erstrebte...?
War's Freude oder Leid?
Jedoch war's, was ich lebte:
mein Herz trug meine Zeit!

Der Eros war mein Leben:
Vollkommne Liebe trägt
den Eros beigegeben,
weil's Himmelsliebe prägt!

Es muss sich v ö l l i g geben,
wen einst der Himmel ruft,
denn göttliches Erleben
ist ganz - nie abgestuft!

Durch die Wolken

Purpurrote Rosen winden
sich zu meiner Gartenbank;
sanfte Ruhe unter Linden
schenkt der Himmel - rein und blank.

Möchten alle Kämpfe lassen
mich in Frieden, denn ein Kind
bin ich, das mit sehnsuchtsblassen
Lippen küsst den Sommerwind.

Warme, weiche Sonnenstrahlen
senden mir mit ihrem Kuss,
das Vergessen all der Qualen,
die das Schicksal bringen muss.

Mildgeschenkten Rosendüften
hingegeben, sehnsuchtsschwer -
atme ich, was mit den Lüften
sendet Liebe zu mir her...

Purpurrote Rosen winden
sich zu mir, verströmen sich;
hier will ich die Ruhe finden,
denn die Musen - küssen mich...

Sommersonne, Blütendüfte,
sind mir immer zum Genuss.
Träume wehen durch die Lüfte
hin zum Elf, der kommen muss...

Ende eines Aions

Die Sehnsucht liegt im täglichen Gespräche,
denn unsre Heimat - außerhalb der Zeit -
ist so entfernt, dass uns das Herze bräche,
wär'n wir bewusst uns der Unendlichkeit!

Mein Leben wächst aus unbekanntem Gestern,
und weit voraus, wohin der Wind uns weht.
Da warten Nornen, ungeliebte Schwestern,
durch deren Hand der Schicksalsfaden geht!

Ich fühle, dass ich Lust im Herzen trage,
dass fern der Sterne sich mein Kelch gefüllt -
was Wunder, dass ich aller Zeiten Tage
mich in der Liebe Toga eingehüllt...

Doch! nun ist heute: Tage, die erwarten,
dass wir enthüllen und die Pfade sehn;
dass wir den Ruf, auf den wir alle harrten,
nicht hören nur - nein! ihm entgegengehn !

Einst wird kommen der Tag,

**da die heilige Ilios hinsinkt;
Priamos selbst und das Volk
des heiligkundigen Königs...
(Ilias 4,165;Homer)**

Bald bist erloschen du, meinLicht,
das einst im Herzen mir entzündet.
Noch seh ich dein Verglimmen nicht,
doch ist den Sinnen es verkündet!

Einst war ein Sehnen, das mit Banden
der Liebe mich zur Erde flocht;
heut sehne ich mich nach den Landen,
darin es flammt mit hellstem Docht!

Ich seh im Traume übers Meer,
und in der Ferne ist ein Leuchten -
Es zieht mich heim zur Wiederkehr
in Lande, die mich Heimat deuchten...

Mein Geistesauge kann es schauen:
das Glänzen aus dem Sternenstaube...
Es sind des Himmels Wunderauen,
an die ich ständig stärker glaube.

So hab ich früher nie gedacht,
denn meine Gegenwart lief weiter...
Ich habe heidefroh gelacht
und war beständig sonnenheiter.

Nun ist die Wiederkehr zur Quelle
des Seins gekommen - übers Meer,
nimmt mich die letzte große Welle...
und trägt mich hoch zum Geisterheer!

Erdwärts...

...Und weiter, immer weiter ziehn die Tage;
sie alle werden viel zu hurtig alt!
Indessen überlege ich und frage:
kommt schon mein letzter? und vielleicht schon bald...?

Ein tiefes reines Sehnen und Verlangen
trieb immerzu mich durch die bunte Welt.
So bin ich weit und weiter stets gegangen
und bin im Alter nur mir selbst gesellt!

Gewiss! ich fastete an Opferfeuern
und hatte an den Menschen meine Lust;
Mein Sinn stand immerzu nach Abenteuern;
mein Herz träumt fremde Länder in der Brust!

Nicht Reichtum, Gier nach fremdem Geld und Gute;
es war nur Lust zu reisen - und zu sein -
Ich trug des Pilgers Muschel stets am Hute
und trank als Gast manch edlen, guten Wein...

Und niemand weiß, dass früher Tage Glänzen
mich auf dem Markt der Erde feilgebot;
ich suchte nie nach irgend Lorbeer-Kränzen;
die sind schon längst verstaubt und heldentot!

Welteinwärts ward zur Erde ich getrieben,
und Liebe war - und ständig himmelblau...
Doch mit den Jahren ist nicht viel geblieben -
nur Haare, wie die Zeiten: grau in grau!

...bis dann von ferne sich ein Engel regt
für meine Seele, dass ich sie behüte;
der Engel ist`s, der mich dann heimwärts trägt
ins Sein der ew'gen, schönsten Rosenblüte...

Erwartung

Komm, o Südwind, bringe wieder
Rosenduft und jungen Flieder;
sei, wie ich dich früher träumte,
als mein Blut noch trieb und schäumte...

Bring des jungen Lenzes Schwüle
und besiege alles Kühle,
dass die Äste wieder zweigen,
Knospen und die Säfte steigen.
Nie war mehr die Seele offen,
als, da alle Säfte troffen,

da die Blumen düftetrunken
sind in Farbenpracht versunken...
Lenz! ich möchte wieder hören,
wie im Hochwald Hirsche röhren -

Komm, und gib mir das Behagen,
wie in meinen Kindertagen...

Fall ins Leben...

Aus meinem Leben bist du fortgenommen,
mit überflüssgem Spruch, mit schriller Geste...
Ich war zu oft auf einem deiner Feste
und werde nun zum nächsten nicht mehr kommen.

Nun hält mich, was mich tröstet: Gottes Hand,
die mich erreicht zu jeder Tagesstunde;
ich finde erstmals mich auf festem Grunde,
auf Felsen, der bis dato unbekannt...

Du fingst mich auf beim Fall ins Uferlose;
ich war nur Masse, die in sich schon fällt
und fiel - war fast hinaus aus meiner Welt,
da reichtest du mir eine Liebesrose...

Dann deine wunderbare leise Rede
aus deinem Geiste, die mir Tröster war;
du streicheltest mein leise knisternd Haar -
und draußen duftet einsam die Resede...

Nun auf dem Wege heimwärts bin ich stumm.
In der Entfernung zogen stille Wanderer.
Aus mir ward über Nacht ein völlig anderer,
so gingen wir vereint ins Heiligtum...

Finsternis...

Du lösest allen Lichtes Bande
und färbst sie dunkel, wie die Nacht;
auch mich hast du dahin gebracht -
umschlangst mich mit dem Wolfsgewande!

Du deckst den Tag mit dunkler Tracht
und füllst den Abgrund bis zum Rande;
gar unerkennbar sind die Lande,
senkst du den Schleier deiner Macht!

So war ich oft von dir umkleidet;
stets quält mich noch dein trüber Schein...
Doch ist die Kraft zum lichten Sein,
die meins von deinem ständig scheidet!

Geheime Welt

Ja! heute abend soll'n sich neigen
die dunklen Wälder nur vor Dir!
Die Länder deckt das große Schweigen,
und alles harret Deiner hier.

Der Himmel glänzt im lilaglatten
und samtnen, weichen Dämmerton -
Mein Platz ist hier im Mondesschatten;
die Nachtigallen schlagen schon...

Der Mond im Lichte seiner Liebe
erhellt die Welt zu meinem Glück;
nur schade - wenn er länger bliebe,
ließ er mir Helligkeit zurück.

Die Zweige rauschen, wehn und zittern
an manchem Strauch, an jedem Baum;
und über mir, da seh ich glittern,
das Sternenfeld am Himmelsraum. . .

Ich sehe noch, wie Vollmondgäste,
die gleiten durch die warme Nacht
traumtanzend feiern Elfen Feste
...bis dass der neue Tag erwacht.

Gleichmut

In dunklen Wintertagen
des hoffnungskalten Lichts,
da musste ich mir sagen:
dies Leben gibt mir nichts!

Doch wenn der Lenzwind streichelt
die Blumen aus dem Grund -
und allem Grünen schmeichelt
und färbt die Blüten bunt,

dann spüre ich ein Wehen
des Lebens voller Lust:
so muss es ewig gehen,
so lebt mir meine Brust!

Der Sommer ist ein Schenken,
und Sonne wärmt mein Herz,
und hoffnungsloses Denken,
lass ich weit hinterwärts...

Ja, - und der Herbst des Weines,
der Farben und des Lichts -
Ich fühle dann nur eines:
die Gegenwart - sonst nichts!

Doch jäh - ich seh sie fallen,
die ganze Farbenpracht;
gestorben ist bei allen,
was gestern noch gelacht!

Schon wieder ist ein Winter,
dem nur das Sterben frommt -
Ach, lassen wir ihn hinter
und nehmen's, wie es kommt!

Γνῶθι σεαυτόν

Gnothi seauton - Erkenne dich selbst
(Inschrift am Tempel des Apollon in Delphi)

Wer einst das Wort zu künden hat,
der ist hinfort allein...
So, Herz, werd von der Liebe satt,
sie muss dir Nahrung sein.

Du segelst ohne Landeport;
die Ladung ist verpönt!
Wirfst du die Weisheit über Bord,
sind alle schnell versöhnt!

Doch bleibst du stark, dass deine Last
die Herzen auserfüllt,
dann wirst du gerngesehner Gast:
doch Wissen lass verhüllt!

Und sind dir diese Worte klar,
erwarte keinen Lohn;
als Überbringer bleibe wahr,
denn: "gnothi seauton" (Γνῶθι σεαυτόν)

Gotische Glasmalerei

Es spiegeln sich aus buntgetönten Scheiben
der Kirche Fenster als ein lichter Saum...
Die Farben wollen fast schon übertreiben,
und doch erfüllt ihr Ton den Innenraum.

Sie sind berauschend wie Burgunderwein,
wie dessen Rubinrot der Ewigkeiten;
und innen lädt der Farben Widerschein
zum Wandel ein - durch unerhörte Weiten...

Wo außen trübt ein grauer, kalter Winter,
da glüht es drin gar golden am Dekor,
und alle Beter werden sanftgesinnter -
und plötzlich tritt das Ewige hervor...

Göttermenschen...

Einst wandeltet ihr unter Sonnen:
sie achteten eurer nicht.
Sie sahen euch nicht als heiliges
Imago des Höchsten...
und der Pöbel auf den Gassen spottete eurer!

Mir ward ihr allzeit heiliges Licht,
und ich liebte euch...
Ich lernte euch zu ehren.

Bote des Himmels: Sol invictus,
ich lausche dir,
denn dein goldenes Auge leuchtet...
es leuchtet für mich!

...und lebendiger rauschen alle Quellen,
und die Rosenblüten duften,
da du sie ludest.

...Und durch Silberwolken
neigt sich sehnend herab der Äther!
Und die Freien, die Göttermenschen,
die zärtlichen Seelen,
sie sind geheilt...

Der Himmel ist wie ein Fels - ab jetzt!
Und die Rosenwasser netzt er aus
lebendigem Quell,
dem Wasser des Lebens...

Denn in sterblicher Brust beginnt
das Geteilte sich zu einen -
bis aus gärendem Äther die göttliche
Natur sie heiter enthebt...

Denn es west der Geist Gottes...

Hephata -
Tue dich auf (Mk 7, 34)

Es ist noch kalt, doch ist es schon versprochen:
der warme Wind schleicht sich von Süden her...
Ganz übernacht sind Blüten aufgebrochen,
und täglich regen sie sich mehr und mehr.

Hoch über alle Blüten steigen Lieder
von einer heimgekehrten Vogelschar;
es ist nur Duften in dem vollen Flieder,
durch den der Vogelsang geflochten war...

Jetzt wird es warm - ich ruhe still im Grase
und denke in den Winter mich zurück,
an jene tote Zeit, da nur noch blasse
Gefilde deckten jedes Lebensglück...

Nun ziehn die Wolken hin ins warme Blaue
und meine Seele, sie träumt Frühlingszeit;
mir ist, als ob ich in den Himmel schaue
und über ihm - in die Unendlichkeit...

Herbstlich helles Leuchten überm See...

(nach Li T'ai po; ca.7.Jhdt.)

Welch heller Dunst heut in den Bäumen hängt:
geh durch das blasse Grau nur ohne Schaudern...
die Nebelwesen, die sich angedrängt,
ergreift beim Sonnenlicht ein jähes Zaudern.

Der Reif ist's, der die Wipfel beugt und bricht,
der Gras und Blumenreste lässt versteinen -
die Kälte sinkt, die Pflanzenwelt erlischt;
lausch diesen Pflanzen, dann hörst du sie weinen...

...doch bist du wach, den Morgenstern zu grüßen,
der dir sein Leuchten schickt vom Sternenzelt,
dann schreite zu, die Sonne zu den Füßen,
und keine Nebel sind mehr in der Welt.

Ein heitrer Herbst vergolde deinen Weg,
da Ton und Licht dir jede Farbe malen -
und alles Schöne sei dir ein Beleg,
dass bald die Frühlingssterne neu erstrahlen...

Hora... in statu nascendi...

O goldne Stunde lass dich halten,
da du so reich nie wieder bist!
Schau', wie am Himmel sich entfalten
die Sterne, die der Himmel küsst.

Des Tages Stimmen, sie verhallen;
mit letzten Vögeln spielt der Wind...
Vom Kirchturm helle Glocken schallen,
noch während wir im Dämmern sind...

In tiefer Nacht, da Lippen schweigen,
weil uns im Herzen Hoffnung quillt,
wird uns ein neues Reich zueigen -
ein neues lieberfülltes Bild!

Es ist das Werden neuer Wonnen,
es ist das wunderbare Licht,
das aus des Alls urewgen Sonnen
in dieser Nacht der Liebe spricht...

Nur, wer sie hört, die reinen Glocken
als unsres Lebens Melodien,
den werden die Posaunen locken
mit uns ins Ewige zu ziehen!

... im Vorübergehen

Wenn die Wolken sich verziehen,
seh ich, wird der Himmel heller;
Blumen suchen dann zu blühen,
doch die Schnecken fressen schneller.

Jeder Strahl wird wärmereicher
und der Mittagshimmel klarer;
Wipfelschnee erscheint noch bleicher
und die Berge blauen wahrer ...

Und ich merke, wie im Wandern
Sonnenlichter Farben malen,
und verklären alle andern:
staunenswert, wie sie erstrahlen...

Und so hemme ich die Schritte
um des reineren Erwartens;
wähle die Natur als Mitte
meines träumenden Betrachtens...

Herz! du willst mir Frühling zeigen?
und es ist dir just gelungen,
spielten doch schier tausend Geigen
durch geringe Vogelzungen...

Informations - Dimension (5 D)

(nach Burkhard Heim)

Wenn ich einst im Strahlenkleide
einer neuen Dimension,
nicht mehr unter Mängeln leide -
bin ich dann ein Königssohn?

Wenn ich aus der 4. scheide,
gehe ich zur 5. ein?
weshalb solln nicht alle beide -
5 und 6 - nur eine sein?

Jedenfalls sind Zeit und Räume
in der 6. dann vorbei;
ahne ich der 7. Säume -
ist die 6. einerlei...

Fünfte Dimension - in Gänzen -
ist nur Information,
denn anstatt der Zeit-Sequenzen,
laufen Raum und Zeit davon...

Wenn ich alle Infos habe,
die Gott je erfunden hat,
brauche ich nur Gottes Gabe:
Wollen - und es findet statt!

Fiat lux - als erste Wörter
brachten uns sofort das Licht;
dunkel waren alle Örter,
doch das gibt es nunmehr nicht!

Wenn ich also meinen Willen
sende in den Hyperraum,
sprengt's der DNS die Hüllen,
und ins Sein springt jeder Traum.

Wollen und des Herzens Liebe
quanteln jede Emotion;
ohne, dass ein Ausweg bliebe,
wird real die Illusion!

Du musst nur in Liebe wollen,
jeder Wunsch wird dann real,
allerdings nur, was wir sollen:
Zaubern wird dann ganz legal!

Lasst uns auf die Zukunft hoffen,
denn die Zeit ist längst bereit;
alle Welten stehn dem offen,
der entschlüpft dem Raum der Zeit!

Karfreitag...

Es hallt der Klang des Glockenschlags
zum Wachen in die weite Runde;
es ist die müde, müde Stunde:
die dritte Stunde nachmittags.

Die Hitze hat schon abgelegt
und drückt ermattend alles Leben;
ist niemand, der sich will erheben -
ist nichts, was unnütz sich bewegt.

Verschlafen stumm, das heiße Land
muss in der Sonne Glast verdürren,
und nur die Grillen schläfrig sirren
trotz Trockenheit und Sonnenbrand.

...und vor dem Heidehügel schluckt
die Sonne einen müden Schatten:
die ausgelaugten Heidematten
sind braunverbrannt und tief geduckt...

Ein träger Kahn, verschmutzt und fett,
der dümpelt dick und faul vor Anker;
die Hafeneinfahrt wird stets schlanker,
denn schmaler wird des Flusses Bett.

Die Sonne lastet, bleiern steht
die Luft, denn ohne etwas Regen,
will nichts und niemand sich bewegen -
es ist der Tod, der's Land umweht!

Kein Hauch, kein Laub, kein Vogellied
gibt irgendwie vom Leben Kunde!
In dieser DRITTEN Mittagsstunde;
ist just die Zeit, da ER verschied!

Kreuz des Südens

(Südsee, 2001)

Ein Kreuz, ein Abbild der empfangnen Gnade,
steht strahlend an des Südens Himmelszelt
und schaut gelassen auf die Tropenwelt,
und in Gedanken seh ich Lichterpfade.

Hell steigt sie auf, ein Teil der Sternensaat;
verblasst, wenn über Palmen Dämmrung naht,
doch gleichwohl stets von Licht ist sie erfüllt:
Trägt des Erlösers hehres Gnadenbild.

Als ich es sah am violetten Strand,
da schien es mir zunächst ein Bild des Traums
hin durch die Blätter eines Palmenbaums -
Ich legte mich versonnen in den Sand...

Doch dann durchfuhr die Deutung dieses Bildes
mein Herz und formte es bedeutungsschwer;
Es strahlte Ruhe zu mir, etwas Mildes
mit einer Mahnung für die Wiederkehr.

...und riesig in des Äthers Südgefild,
an Tropenhimmels Weite - am Atoll,
da sah ich noch am Strand das Kreuz - ein Bild,
das durch des Himmels Mal bedeutungsvoll...

Lauf der Zeit

Es spiegelt sich in tausend Scheiben
mein Inneres im Außensein;
ich tue das, was Menschen treiben
und bleibe doch im Ich allein.

Nur manchmal reißt mich eine Seite
des Buches der Erinnerung,
vom Innenleben in die Weite
der Jugend - ich bin wieder jung.

Doch plötzlich springt des Lebens Winter
mich mahnend an - und Ewigkeit
scheint mir als wie ein sanftgesinnter
Hinweiser auf den Lauf der Zeit!

L'Ange du Meridien - Chartres

Wenn man sie sieht, fühlt man mit einem Male
die Macht, die zwingt dich staunend anzuschaun:
Canticum Canticorum* , Kathedrale,
war man bestrebt in dich hineinzubau'n.

Du bist ein Bild - geformt aus tausend Runden
und stehst als Dom vollendet in Bravour;
dein Werk ist Sein von hunderttausend Stunden
in "statu nascendi": der Sonnenuhr...

Fühlst du das Mächtige der Gleichgewichte,
die unser Dasein formt: Lebendigsein?
Entlässt du uns aus göttlichem Gerichte,
nach Energiegewinn aus Quarzgestein?

Im Aufbau öffnest du dich Seelenfluten,
die in dich drängen und erwartend stehn -
sie laden dich mit ihren Attributen,
doch überfüllt hat man dich nie gesehn!

...und wer geht heute noch die Labyrinthe?
die früher jeder hatte zu begehn;
und der Madonna tiefgeschwärzte Tinte
ahnt nur, wer's Hohe Lied kann auch verstehn!

Nehmt alles nur in allem: Kathedralen,
gleich diesem Wunderwerke, sind im Bau
hinausgewachsen über Erdenqualen -
Sie wachsen durch den Himmel...weit ins Blau.

Und mittendurch, das ist das Wundersame,
da wird die Welt geteilt nach deinem Stand!
Ein Engel heißt nach dir, als wär's sein Name
und führt von Nord nach Süd in warmes Land!

* Hoheslied

Lenz in Australien

Sydney, Sept . 2001
(Im Outback)

Dies ist ein Lenzbild südlicherer Töne;
das Grün der See wogt schaumig meeresweit,
bis dann der Sonne heiße, goldne Schöne
Aurorens Farben malt just lenzbereit...

Es ist ein etwas sonderbares Leben:
Du kommst im Herbst, da blüht die ganze Stadt;
den Sommer, den verließest du soeben -
Verkehrte Welt, die südlich Neues hat!

Hier will Natur sich nicht nur selber starten;
sie nötigt mich - ich lege gleichfalls los...
Ein neuer Lebensstart im Lenz: im Palmengarten
und Rhododendren sind hier häusergroß!

Wie Spatzen fliegen Papageien heiter
mit lautem Reden über Stadt und Strand;
Der Kakadus Bougainvilleen - Leiter
wird abgelöst vom bunten Sittich-Land...

...und viele Aborigine - Figuren;
sie sangen drei-sopranig vor sich hin...
der Ukulele leichtgezupfte Spuren...
man übersieht die leeren Flaschen Gin...

Nichtsdestotrotz: im Abendschimmer tönen
die vielgestimmten Wehmuts-Harmonien;
mich konnte diese Art Musik verwöhnen:
man hört die Tränen durch die Melodien...

Mächtiger Spielmann

Schon angerührt von den Träumen des Mondes,
der die Sommernächte heimlich rief,
glitt mein Fuß aus dem Schlummerbett
unvermittelt auf neue Wege...

Im Raume schwebten Klänge, gesponnen aus Licht;
sie glitten in silbernen und blauen Schatten
durch fremde Gassen...
und eine einsame, ferne Geige
geleitete mich wandernden Träumer.

Heimweh einer warmen Herbstnacht,
die dem Sommer entglitt
durch Zaubergewalt -

Schimmernd hält der Mond das bunte Gewand,
und ein letzter Vogel schlägt im Schlafe...

Vielfarbige Weisen sprühen auf -
aus sterbendem Laube wächst die Betörung
einer schönen Herbstnacht herauf.

Wer wartet meiner am Brunnen?
Der Spielmann versprachs in einer Winternacht!

In die Weite bläst der Wind
und bringt Rosengrüße dem Kinde...
denn die Heide duftet und letzte Astern erglühen.

Süß wird die Heimkehr sein, Spielmann im Hirschgeweih!

Herb quillt der Duft der Föhren und belastet den Tau,
der aus dem Wasser des Lebens rinnt...

Einmal wird neu die Erde,
und die Menschen werden voller Licht sein...

Ich bin aus der Schwere gerufen
leicht zu werden,
denn mächtig ist der Spielmann, mächtig sein Lied...

Machtstreit!

Das Leben spricht: die Welt ist mein!
mich preist sogar der Sonnenschein!
Da spricht der Tod: mein ist die Macht
bring ich euch doch die ewge Nacht!

Da ruft das Leben: nein, o nein!
die Nacht und alle Särge dein,
die löschen nie, was Liebe schafft;
die Liebe ist die größte Kraft!

Der Tod lacht laut: die Welt ist mein -
sie wird es allerwege sein,
denn ich hab Kriege mir erdacht,
hab Pest und Hunger groß gemacht!

Darauf das Leben: meine Welt
ist nur auf Liebe eingestellt!
Gewiss, die Gräber sind von dir,
doch fällt mein Lebenselixier

als steter Frühling in das Land;
mein Lebenssamen ist mein Pfand!
Die Gräber, Tod, sind alle dein,
doch streu ich Lebenssamen ein.

Meer der Zeit

Wellen auf dem Meer der Zeit
sind die Menschenleben -
Ganz wie Wellen, die sich weit
und nach oben heben...

Hochgestrebt vor tiefem Fall;
windgewollt geschoben:
Blasen, die mit lautem Knall
dann ins Nichts zerstoben...

Wellen, Wind - unsteter Schaum
ist des Menschen Glauben;
er vergeht, denn er ist kaum
wie des Rosses Schnauben...

Schnauben eines Rosses, das
in den Trott gefallen -
Töne, die im leeren Fass
mit dem Wind verhallen...

Wellen auf dem Meer der Zeit,
die zusammenfallen...
Ewigkeit - Unendlichkeit?
Echos - ohne Hallen!

Midsummernightsdream

Ich bin allein; es dämmert schon im Tale.
Ich bin alleine, fühle wie es schwebt -
das Licht der Sterne, die zum ersten Male
erwachen aus des Himmels dunkler Schale -
und wie das Licht selbst in dem Finstern lebt!

Der Wind erwacht und lässt die Wälder schwanken,
und alle Berge sind jahrtausendweit...
Ich geh alleine, und in den Gedanken
lass ich im Traume eine Rose ranken
bis zu dem Stern der Liebesseligkeit....

Mir wird gar still, denn diese traumgekrönte,
durchwirkte Liebe schwebt von jenem Stern,
der meine Welt zum Abend so verschönte
und mit des Himmels Weise mich versöhnte:
er ist mir nah - und doch noch immer fern...

Nun heißt es: weiterziehn und fest zu wissen,
dass mich dies Rufen auch erwachen macht!
denn der Appell bedeutet: hinzumüssen!
dann kommt zu mir die Liebe, mich zu küssen,
und Einsamkeit wird zur - Mittsommernacht!

Nachterleben

Die Form der Dinge löst sich sacht
entgleitend in die Mitternacht -
Vergangen sind die Dämmerwelten,
da unbekannte Rechte gelten...
Doch diese fremden Wesenheiten:
sie nähern sich aus Ätherweiten.

...und eine Sehnsucht, zeitlos jung,
steigt mir aus der Erinnerung:
Und dieses Augenblicks Gestalten,
aus der Erinnrung Urgewalten,
fühl ich zu meiner Seele treten -
Ich neige mich, sie anzubeten!

Ich bin, als wär ich nicht: mein Geist
weiß nur, was nun Verstehen heißt!
Und alle Schranken, die uns grenzen,
bedeckt dies Sein mit seinem Glänzen -
...und plötzlich scheine ich zu kennen,
dass keine Grenzen uns mehr trennen:

In diesem göttlichen Gewand,
ward mir ein Engel zugesandt!

Nächtlicher Schutz

Bist du nun der, aus dem die Tröster kamen ?
Des nachts, wenn ich in Ängsten nicht mehr schlief ?
Ich schrie zu euch, doch kannte keinen Namen,
so bat ich zwar, doch wusst nicht, wen ich rief...

In deinem Schatten, unbewusst entschlafen,
das bin ich zwar, doch oft rief Furcht mich wach,
da mich des Dunklen Schreckensbilder trafen -
kamst du sehr oft und riefst mir zu: gemach!

Du kennst die Himmel nebst den Finsternissen,
und dir stehn bei die mächtgen Melodien;
du brauchst deshalb mit deinem Engelwissen,
die dumpfen Ängste nicht mehr nachvollziehn!

...und mit dem Glanze eurer Flügelweiten,
enthebt ihr mich den Schrecken nächtger Zeiten.

...neuer Tag...

Der Dämmrung Halblicht schwankt als Schattensein
aus den Verlorenheiten letzter Nacht,
der Morgen graut, das Licht schleicht sich herein,
und ich bin ruhelos zum Tag erwacht.

Ich war im Schlafe, wie im Grund der Zeit;
erst im Erwachen wuchs das Seinvergnügen,
denn helles Licht fiel ein und - seelenweit
genoss den neuen Tag ich nun in vollen Zügen...

Die Nacht versank im Wesenlos des Traums;
zwar macht der Tag das Neue offenbar,
doch die Unwägbarkeiten unsres Raums,
vergehn für jetzt im Hellen: licht und klar...

Ein Tag bricht an und fordert mich heraus,
doch lässt er strebend sich im Kampf bezwingen!
Ich trete frohen Schrittes aus dem Haus
und siehe da: der Lenz - die Vögel singen...

Οὔτοι συνέχθειν, ἀλλὰ συμφιλεῖν ἔφυν
- Nicht mitzuhassen, mitzulieben bin ich hier!

(Sophokles, Antigone 523)

Ich schaue: Von hier scheiden sich die Länder-
ein himmlisches und eins mit Erdensinn!
Ich wechsle, um zu sein, stets die Gewänder,
und weiß nicht, wo ich zugehörig bin...

Zu keinem bin ich gänzlich zugehörend
und suche meinen Stern, der Wege zeigt.
Die eine Welt, die liebe ich zerstörend,
die andre ist in Liebe, doch sie schweigt!

Der Mensch ist dualistisch diesem Walten
verwachsen, denn im Hassen ist er reich!
Um mitzulieben muss er neugestalten
und Sonne lassen durch den Nebelstreif!

Nicht mitzuhassen, mitzulieben wollen
wir über unsre Schatten uns erheben,
denn falls wir tun, was wir im Herzen sollen,
so wählen wir nicht nur, nein! wir erstreben!

Oktobertag...

Ein goldener Oktobertag
ist eben hingegangen...
Als ich im warmen Grase lag,
mit sehnendem Verlangen -
da schlief ich ein...

Hin durch die warme Himmelsluft
bin ich im Traum gewallt...
Ich roch den letzten Rosenduft;
ein Vogellied verhallt.
Ich war allein...

Ach, wär mein Leben dieser Traum
und würde so vergehn...
da ich erwachte, mocht ich kaum
den Abend sehn...

Ach, könnt ich ewig liegen tief
und ruhig und voll Glück!
Ich hörte, wie das Leben rief:
zurück!

Orphisches Schicksal...

Bemerkst du, wo der Berghang abwärts schreitet,
den Lindensamen drehend niederwehn?
Der Abend ist zum Horizont geweitet,
und wird von Zephyrs Rosenschein begleitet
und will mit ihm vereint ins Dunkel gehn...

...und Finsternisse an der Weltenmauer,
die sich in Städten rasend ausgelebt,
sie übermitteln unerhörte Schauer,
denn eine machtvoll aufgebaute Trauer
erwartet, dass man sich aus ihr erhebt! .

Auch jene milde Winzigkeit der Helle,
die uns den letzten Ausblick noch erhält,
ist nur begrenzt und lebt von Stein und Kelle,
sie hindert per Gesetz den Sieg der Schwelle,
und lässt uns stehn - am Abgrund dieser Welt!

Phönix

Man muß der Erde sterben,
und mag sie noch so blühn.
Nur die sind Geisteserben,
die gotterkannt verglühn...

Verglühen in dem Feuer
der höchsten Liebesmacht;
geboren als ein neuer
Entflammter - aus der Nacht!

πνεῦμα - Pneuma

So wandle dich und werde Licht,
und löse dich vom Menschengeist -
dann schwebe einfach leicht und schlicht
in jenen Himmel, den du weißt!

Verwandlungsmächtig, wie du bist,
so sauge dich am Leben fest,
denn nur das Leben ist, was ist,
wenn du es denn nicht fallen lässt!

Begleite seine Flüchtigkeit:
gebiete ihr, sie bleibe zart,
doch weiche keinen Fingerbreit,
auf dass der rechte Weg gewahrt!

Ein neues Dasein wächst heran,
dieweil das erste schon verfiel;
bedenke deines Lebens Bahn,
denn Tod ist nur ein neues Ziel…

Requiem für einen Stern...

Du helles Strahlen, das durch Wolken bricht,
an jenem Tage, da Posaunen schallen -
Und aus dem Strahlen Gottes Angesicht,
und Seine Stimme, groß im Widerhallen...

Und neugeboren ist, wer nicht verging
am Worte Seines Mundes, das geschieden,
was unbewegt in schwarzen Wolken hing
und das im Dunst des Niederen zufrieden...

Lebendig sind sie alle schon verwest:
geborstne Schädel und gebrochne Hüften;
nur ihr, die ihr vom Irdischen genest,
ihr seid bestimmt zu reinen Ätherlüften.

Ein Gliedertier sind wir - getretner Wurm;
wir sind begraben unter Steingeröllen...
Nur wer da guten Willens wird vom Sturm
hervorgerissen, aus dem Maul der Höllen!

Es ist zwar keiner ohne Wundenmal,
doch nur der Rechte darf sich damit schmücken,
und aus den Tränenstätten voller Qual
wird man den Aufgeschriebenen entrücken!

Que es la Vida?   La Vida es un sueño...

(nach Pedro Calderón de la Barca;17.Jhdt)

Bin ich erwacht jetzt aus dem Traume?
Vielleicht ist alles Phantasie?
Die Zeit - Realität im Raume?
Im Elfentanz ist sie es nie!

Schwer liegt der Duft heut auf dem Parke,
und alle Sterne leuchten hell -
schon schifft des halben Mondes Barke
um einen Piniengipfel schnell...

...und ferne tönt des Faunes Flöte
und singt das Märchen Einsamkeit -
Vergessen sind hier meine Nöte;
ich öffne nur mein Herz ganz weit.

Ein lauer Wind herweht vom Hügel
und birgt den Duft von jungem Wein;
ich kürze meinem Pferd die Zügel
und reite selig hin zum Hain...

Der Hain mit seiner stillen Quelle,
den keiner sieht, der ihn nicht kennt;
hier bin ich ledig aller Schnelle,
weil man die Stelle heilig nennt...

Ich seh' die Elfen selig tanzen
durch bunten Laubes halbes Licht,
und seh' sie nähern sich im Ganzen
bis nahe vor mein Angesicht!

Sie laden mich zu ihrem Reigen;
ich stünde gerne meinen Mann...
ich höre noch die Zaubergeigen,
dann sinke ich in ihren Bann.

Ich werde wach im Morgenrote:
Ich denke an das Elfensein...
Mir ist nicht klar, bin ich der Tote?
Ich habs: der Muskatellerwein!

Retour á l'origine...

Ein Neues Jahr in neuer Kraft
mit wechselnden Gesetzen,
in denen noch das alte schafft
sich Neuem zu vernetzen.

Die neue Kraft im Anderssein,
mit gestrigem Begehren,
ist wie: den neuen, jungen Wein
in alte Schläuche leeren...

Die alte Kraft trieb es hinaus
die Weite zu ergründen,
und überall in Gottes Haus
die Lichter anzuzünden!

Die neue Macht im neuen Muss,
in gänzlich neuen Zeiten,
ist nur bedacht den alten Fluss
zum Quell zurückzuleiten.

Es dehnt das Licht sich aus im All,
doch eingegrenzt durch Liebe;
sie holt zurück, was sonst im Fall
für ewig draußen bliebe...

River of No Return...

(Idaho/USA 1973)

Gehst du vorüber meine letzte Stunde?
Ach, wieviel Wunden schlug dein Flügelschlag.
Nur ein Gedicht? Als Schmerz kommts aus dem Munde:
Nun quält es fort mich immer, Tag um Tag...

Nicht eine Liebe ist es, nicht ein Haus!
Ich hab kein Eigen, um darin zu leben.
Ich gebe, was ich habe ständig aus,
weil Eigentum nur wert ist, es zu geben...

Durch einen Riss der Zeit, durch eine Lücke
entzog man mich der Erde Nützlichkeit!
...und so befand ich mich - in einem Stücke -
jenseits des Raums: im Land Unsterblichkeit!

Nun heißt's für mich: dort wieder hinzukommen -
auf jenem Flusse "Ohne Wiederkehr" -
Nur hierzusein ist jedem unbenommen,
doch wieder hingelangen ist unendlich schwer...

Sehnsucht

Wo ist die Hand, die mich noch nährte,
als ich die Schritte tat ins Sein?
Du warst, die Wissen mir gewährte,
auch ohne dir mein Ich zu weih'n...

Ich wanderte von Liebe trunken
durch diese Welt im Schwebegang;
für mich war Tod, wie Nacht, versunken
in Ewigkeit - der ich entsprang!

Der Sonne Schatten über Birken,
er deckte mich, so schlief ich ein...
ich wachte auf in den Bezirken:
am Steigeweg zum Heiligsein!

Zu Ahnenkreuzen, ihren Stätten,
kam ich vom Irrefahr'n zurück;
ich kam und ließ mich müde betten
und endlich folgte stilles Glück...

Ich halte ein – und bin entschlossen:
erschöpfter Pilger ist zuhaus.
Dann fühle ich, von Licht umflossen:
ich ruhe von der Sehnsucht aus...

Sonetter Trost!

Die Toten leben an zerschellten Riffen:
verwirkte Leben in dem dunklen All!
Vorzeiten kam der jähe Überfall
und senkte sie in ungeheure Tiefen...

Der Gottheit Glanz erschien den Kreaturen
so gleißend, dass ihn niemand hat erstrebt.
Verloren haben wissenlos gelebt,
die mit dem schwarzen Engel abwärtsfuhren...

Man sandte himmlisch offenbarte Zeichen,
und manches Auge sah der Höhen Glanz,
doch Rettung ward nur dem, der recht gelitten.

Wem will das All Versöhnungshände reichen
und willig spenden seinen Siegerkranz?
Nur dem, der kniet in lebenslangem Bitten!

Sub-Kontinent

Mein Wunschtraum fliegt als mein Verwandter,
der zum verschwundnen Indien reist -
Er ist beständig mein Gesandter,
der meiner Träume Ziel umkreist.

Im Klipper, draußen auf der Spiere,
da fährt er mit und überlegt:
Auf! Mannschaft, dass sie Segel fiere
denn noch hat sich kein Wind bewegt.

Kurz! sollten wir zur Reise schreiten,
so fieren wir am Bug die Rah,
dass über luv sich Segel spreiten,
dann zweimal Lee - und wir sind da!

So rauschen hin wir übers Tiefe,
und wird kein Ruder noch berührt:
es ist als ob uns Indien riefe
und dorthin uns das Ruder führt. . . -

Mein Wunsch wird Traum und realiter;
die Besan-Segel stehn in Brunst -
Der Wind drückt ost, von Westen zieht er...
und Orplid wächst schon aus dem Dunst!

So siehe da: mein Wunsch will fruchten;
Sub-Kontinent: das war recht leicht;
ich seh aquamarine Buchten;
nun, Traumrevier - du bist erreicht!

Klabautermänner , segelträge,
sie setzen bowline-on-the-bight;
es dümpelt unser Schoner träge,
doch alles Tuch: es flattert tight...

Yad Bhavam Tad Bhavati

(Du wirst, was du denkst)
(Bhagavad-Gita 8,6)

Unzertrennbar ist der Geist zu binden,
wenn in Liebe eine Seele glüht;
Weisheit mag das Dasein dir verkünden,
doch die Liebe macht erst, dass es blüht.

Allgewaltig scheint der Schönheit Fülle,
und berauschend fliegt's das Auge an,
doch ist einzig des Bewußtseins Wille,
der sie hebt aus dunklem Ozean.

Und des Geistes innigstes Verlangen
möchte, dass die heile Seele fühlt,
um aus reinem Wollen zu empfangen:
Ur-Bewusstes, das die Gluten kühlt.

Denn es leben Myriaden Leben
und vergeh'n in eine Welt des Nichts,
welche Liebe haben und erbeben
gehn bewusst in eine Welt des Lichts!

Heiß und stürmisch wehen Liebeslüfte,
sinken dann erkühlend ab ins Tal -
Kraft, wie Wille schwingen durch die Klüfte
der Bewusstheit - und sie wünscht einmal,

eins zu werden mit der Liebe Blicken:
Lass durch Engelweisheit sie erziehn!
dass die Kraft uns wird zu dem Entzücken,
die Bewusstseinshöhen uns verliehn.

Zum Bewusstsein hebe deinen Willen,
mit dem Wollen schöpfe durch Gebet.
Lass entstehen alles ganz im Stillen,
dann besitze, was durch dich entsteht!

The Hills beyond...

Mein Geist flog hoch, da er die Flügel spürte
zum Glauben an das jenseitige Sein.
Dass ihn jedoch der Hochmut nicht verführte,
behielt er sich sein eignes Denken ein.

Er dachte, dass ihn hochgehoben hätte
der Wind, erfasst und höbe ihn vom Tal,
so wie ein Spieler hebt die Marionette -
so freut er sich enthoben aller Qual.

Mein Geist sah alle Welt zu seinen Füßen,
und sah, als er durch dicke Wolken schwamm,
dass viele Schwäne kamen ihn zu grüßen;
sah auch die Berge hinterm Hügelkamm...

Schräg überm Wasser sah er silbergraue
und stolze Inseln, bergehoch gemacht;
Mein Geist entwarf in sich schon sehr genaue
Gebäude - für die Ewigkeit gedacht.

...und hier erkannt ich: nun muss einer beten,
denn hinter Bergen war es schon zu seh'n,
das Paradies der Dichter und Propheten -
mein Geist gedachte sterbend hinzugehn...

Doch siehe! hinter diesen Hügeln lebten
die alle, die geglaubt und erdbeschwert;
und meiner Seele Flügel sie erbebten,
denn überall war alles lebenswert!

Through the Looking Glass

(Alice im Wunderland)

Da ist eine Welt hinterm Spiegel versteckt,
that leads down the rabbit-hole...
Die ist von den meisten noch nicht entdeckt,
'though used by so many mole.

Du glaubst dieser Welt und möchtest sie sehn?
sie ist jedoch bestens versteckt!
Du müsstest zuerst den Spiegel verstehn,
den man kürzlich erst neu entdeckt!

For once: Humpty-Dumpty sat on a wall,
he'd studied the looking-glass well -
but he couldn't avoid a terrible fall:
I shouldn't have thought that he fell...

So I went myself to that Wonderland
by using the rabbit-hole ...
About fourteen days, after all, I spent,
but all I could find, was - a mole...

(I secretly tell you what I have done:
I slid down the hole myself!
You wouldn't believe me, but its no fun:
I married - bewitched - just an elf!)

Über den Wassern des Lebens!

Ein neuer Kahn, der an der Kette schwankt,
in lauer, sommerhafter Dämmerung...
So spät der Tag, doch scheint die Sonne jung -
noch niemand hat für diesen Tag gedankt!

Du fliehe alle Last und Tagesnot,
wenn sich zum Abend deine Träume lösen:
Dein Herz tanzt, wie ein neues, leeres Boot
auf reinen Wassern, jenseits alles Bösen.

Und jeder aus der Weißen Bruderschaft
erwartet nun dein Zeichen, dass es sei!
Denn welches Zeichen auch ist einerlei,
solange das Signal ertönt in Kraft.

Und wenn dich dann noch deines Sternes Schein
mit seiner Helle auf dem Wasser leitet,
dann suche du den Weg nicht mehr allein,
weil dich ein Fährmann aus dem Licht begleitet.

Der Dunkelfürst, die große, finstre Macht,
er schnaubt und stampft, doch wartet auf sein Los;
noch ist es finster, doch schon aus der Nacht,
steigt golden unsre Sonne: rein und groß!

Kein Wassertropfen rührt an deine Hand,
obwohl du längstens schon im Strome drinnen;
kein Spritzer fliegt an deines Bootes Rand,
so sachte gleitet es mit dir von hinnen...

Der Erde Freuden, die man immer pries;
vergangen sind sie - du träumst leichten Sinnes.
Die Nöte, die die letzte Zeit verhieß,
sind hingeschwunden ob des neuen Sinnes.

Ja, deine Fahrt ist rein und wundersam
und über alle Endlichkeit und Nöte,
da mit dem Traumwind auch dein Friede kam
und nach dem Traume - deine Morgenröte...

Licht ist die Weisheit: stetig weiß und hold;
fügst du die Liebe zu, so wird sie strahlend werden,
denn Liebe, sie ist rot, so kriegst auf Erden
du aus den beiden - reines, edles Gold!

Und so halten wir denn dafür,

dass der Mensch gerecht werde, ohne des Gesetzes Werke, allein durch den Glauben...

(Paulus / Römer 3,28)

Oft lag schlaflos in der Kammer
nächtens ich - die Erde schlief;
mich zerriss der ganze Jammer
um ein Wort im Römerbrief:
... und so halten wir für Stärke,
dass euch nur der Glaube frommt -
Ohne Nutzen sind die Werke,
wenn's aus den Gesetzen kommt...

Ist nun, was die Bücher bergen
aller Weisheit letzter Schluss?
Rosen spendet man den Särgen,
weil man es laut Sitte muss?
Ist unsinniges Gepränge
das gereichte Abendmahl?
Sind sie Lüge, die Gesänge
in dem kirchlichen Choral?

Nun - der letzte auf dem Wege
schluckt den Staub vom Glaubenstross;
keinen Platz, wohin er's lege,
hat fürs Haupt der Götterspross!
Doch es lebt am Himmelsbogen
noch der Wahrheit Ätherlaut -
Die Gedanken sind gewogen,
die von hoch herabgetaut...

Gottes Worte führn fürs Leben
aus der Dämmerung ins Licht -
Und so war mir stets das Streben
nach der Wahrheit eine Pflicht:
Nicht das Leben einer Nonne,
eines Eremiten Last,
nein! allein des Himmels Sonne
ist dem Menschen angepasst,

denn ich sah beim Weiterlesen:
Glaube ohne Werk ist tot!
Und es konnte nur genesen,
der dem Nächsten Liebe bot:
Und der Nächsten lädt gar viele
sich der Bräutigam voll Lob,
weil sie nur ihr guter Wille
zu dem Hochzeitsmahl erhob!

Venus sinkt zu den Hesperiden

Die Sonne lässt die Berge glühn
und Wolken, licht wie Rosen,
die aus der Abendröte blühn
zu mir dem Schwerelosen...

Du, Hesperos - dein strahlend Bild
im Blau der Himmelsbogen -
hast vor der Nacht schon -hell und mild- ,
die Sternenflur bezogen.

Ich kenne dich, den Lichterglanz
mit Schleiern sacht umwoben;
du trägst der Göttin Liebeskranz
ins hellste Gold erhoben.

...und steigt auch nächtens Leidenschaft,
die deiner Art zueigen,
so muss ich, trotz Gedankenkraft,
mich dir in Liebe neigen...

So sehe ich aus meiner Nacht
dein holdes Bild zwar blinken,
doch ich - ich trachte mit Bedacht -
nicht drinnen zu versinken!

La vie en rose

Rose, oh reiner
Widerspruch, Lust,
niemandes Schlaf zu
sein - unter soviel
Lidern!
(R.M.Rilke)

Bunte, schon welkende Rose,
Flamme am laubleeren Strauch,
deine Blüte prangt lose
rot im Oktoberrauch...

Herbsteskühle, sie findet
sich schon im Überall,
welches das Ende kündet-
und letzten Blattes Fall ...

Licht - das sich senkt und schwindet;
weichende Helligkeit,
die durch die Farben kündet
endliche Wandelzeit!

Rose, du warst mir im Jahre
Liebe, die nun entschwand.
Sei einst das Liebeswahre
in einem andern Land!

Voir la vie en rose !

Ach, guter Wald, so gib dem Herbst doch Raum...
auf dass er liebt - er will sie ja behalten,
die bunten Blätter, die sein Farbentraum,
sich märchenweit und bilderhaft entfalten...
Der Maler Herbst mischt emsig die Palette,
nur weil er glaubt, dass er noch Weile hätte...

...doch hat er einestages erst erfasst,
dass aller Liebreiz seiner Hand verdorben;
was wird er tun? sein Bildnis ist gestorben -
Ob er's erinnert und den Winter hasst?!

Nein! die Natur hat alle Fähigkeiten
dem Maler ihre Liebe anzutun:
sie lässt ihn winterweise einfach ruhn,
um ihm den Lenz noch bunter zu bereiten...

Wer hält sie auf...?

Ständig fliehst du weiter, schöne Stunde,
niemand hält dich fest - ein Flügelschlag
ist getan, vergangen die Sekunde,
und so reihn sich Stunden, Nacht und Tag...

Eines Schmetterlings Vorübergaukeln,
eines letzten Blattes Fall vom Baum;
letzte Rosen, die im Herbstwind schaukeln -
niemand hält den schönen Sommertraum...

...und im Nachhinein ist mir mein Leben
fortgelaufen - alles was einst war.
Jugend hielt im Arm mich noch soeben -
grau deckt mich der Rest von meinem Haar.

Unaufhörlich rinnt der Sand im Glase,
und es reiht sich, Jahr an Jahr zu bald.
Gestern lebten Jubel und Ekstase -
heute bin ich klapperig und alt...

Ständig zeigt ihr neue Zeit-Parolen;
gebt uns Zeit uns geistig neu zu polen...

Werdandi*, die Wandelnde...

Es ist als ob die Blätter glitten
aus einem fremden, kalten Raum:
Ein trüber Hebsttag treibt inmitten
der Zeit - und man bemerkt ihn kaum.

Aus unbekannten Sternengärten
entspringt das Sein und fällt zur Welt;
Wir sind Getrennte, doch Gefährten -
ein Sein, das auseinander fällt...

Wie leicht das Sterbende im Spielen
sich bunt vom Winde tragen lässt -
es ist, dass ihr beim Tod des Vielen
auch Himmels Walten nicht vergesst!

...und noch im Fallen und Zergehen
ist schon der neue Bau bestimmt:
es formt sich um und bleibt bestehen,
weil Ewiges nur gibt - nicht nimmt!

* Eine der drei Nornen aus der nordischen Mythologie

Wissenschaft

Wenn es stets um die Wahrheit ginge,
wo bliebe da die Wissenschaft?
Es hätten ihre falschen Dinge
sie längstens schon dahingerafft.

Sie setzt im Namen IHRES Wahren
gar viele Lügen in die Welt:
Establishment - du birgst Gefahren,
dem, der sich an das Wahre hält!

Wer nur die Wahrheit liebt und schreibt,
den jagst du fort mit Spott im Gruß;
ich bin ganz sicher, dass nur bleibt,
wer dich verehrt -und deinen Stuss !!!

Wüstensturm

Verdorrtes Gras - und doch ein Grillenchor;
grellweißes Licht - nur Schatten hinter Felsen.
Der Südhauch, glühend, spielt mir täuschend vor,
es gäbe irgendwo, verbrannt, noch Rosenflor, -
jedoch kam der Geruch von Geierhälsen...

Im Halbtraum werd ich wach - es knistert spröde,
ja, Klapperschlangen lieben's schattenlos -
Ringsum nur Felsen: trocken, heiß und öde,
die Hitze schmilzt noch Wüstensand, wie schnöde...
Ach, Mejico, kein Grün, kein Kraut, kein Moos!

Nun bin ich ja am Ziele: in der Wüste;
jetzt sehne ich mich an den kühlsten Ort -
Am Horizont verschwimmt der Saum der Küste
(ach, wenn mich nur ein Regenschauer küsste),
doch Regenwolken trägt die Hitze fort...

Was für ein Ort - ich sehne mich nach Kühle,
dann werd ich wach und spähe ringsumher -
ich bin in einem Wirrwarr der Gefühle,
denn zu der Hitze kommt nun plötzlich Schwüle:
da! - oben seh' ich Wolken regenschwer...

Jetzt wird es dunkel und die Blitze zucken;
ich höre, spüre Donners Widerhall...
und die Natur, sie scheint sich tief zu ducken,
und selbst die Felsen beben und sie rucken -
Gewitterfluten sind im freien Fall !!!

Die Luft wird Sturm; laut rauschen die Kakteen,
weil Riesenbäche sich vom Himmel gießen...
Man spürt in diesen nicht ein Lüftlein wehen;
wer`s kennt, kann meine Atemnot verstehen!
...und dann beginnt selbst Sand schon mitzufließen...

Die Wüste ist im Nu jetzt überschwemmt!
Die braunen Fluten scheinen zu ertränken,
was immer sich dem Nass entgegenstemmt -
Ich selber fühle mich begossen und enthemmt,
und was die Nässe angeht - gibt es kein Beschränken...

...und nur mein Pferd (es litt im Sonnengluten)
wälzt sich jetzt wiehernd in den Wasserfluten!!!
Doch wehe, wer im Canyon ritt, im Schatten...
...der war so tot, dass ihn schon Geier hatten!

Nach einer Stunde - ich bin wieder trocken,
mach ich zur Ranch mich, heimwärts, auf die Socken...!

Säulen der Natur

Die Herbsthimmel stützen sich
auf die Rauchsäulen der Kartoffelfeuer –

Zugvögel drückt der blaue Wind gen Süden,
dorthin, wo die Mörder ihrer warten…

Dünste dichten sich zur Dämmerung
wie die Schleier der Isis,
und die Funken der Feuer
werden zu glitzernden Sternen.

Der Vollmond wagt sich aus seinem Heiligenscheine
und klagt über die Schatten, die er nur schwächlich
wirft.

Nun stehe ich Auge in Auge
mit dem Unsichtbaren,
höre das Unsagbare –
und bin doch blind…

Dann ruhen meine Augen aus auf den Herbstblättern,
und sie schließen sich vermodernd…

…und die Mahd raunt mir noch zu,
im letzten Herbsthauchen:
auch das Gras lebte einst!

Der letzte Sommergedanke spielt
auf den Saiten der Winde
sein Requiem für Blattharfe…

Doch Frost ist wie eine Kerze,
die, abhängig von der Temperatur, erlischt.

Und diese steigt und fällt,
so auch das Licht!

…und so steht schon ein neuer Lenz
und schreibt sich fest auf den
Skalen der Thermometer…

…die immer bereit sind
zu steigen oder zu fallen.

Autumnus: übernimm!

Wunderliche Seelenreisen

Manchmal wunderlich sind meine Träume,
und der wunderlichste Traum, der singt
Äthermusik mir und Geistesräume,
wenn er mit mir durch die Wolkensäume
in die Sternenstraßen Gottes dringt.

Wenn wir Seelen durch die Räume treiben,
sag uns, Engel, was vollführ'n wir dort?
Seht ihr nicht des Mondes dralle Scheiben?
Aus den festgefahrnen Erdenleiben
schiebt die Seele sich zum Sammelort.

Tanzt der Mond dann auf der Sternenkuppe,
schleudert schaudernd er sich durch sein Rund –
Sein Gesicht, als launisch, bange Puppe,
faucht laut auf bei jeder Sternenschnuppe
aus dem lilafarb'nen Äthergrund…

Eines Engels unsichtbare Spitze
zeigt der Seele, wie sich alles dreht –
und mein Sinn, der in der Sonnenhitze,
schraubt sich auf zum hohen Göttersitze,
der beweist: der Mond ist kein Planet.

Alles dreht sich frei nach dem Gefallen,
der uns in Gesetzen widerscheint –
Wo die Cirruswolken nicht mehr wallen,
aber die Posaunen schon erschallen,
treffen sich die Seelen – traumvereint…

Aus dem Raume sieht man, dass der Teller,
der als Kugelerde oftmals bebt,
Leben hegt, mal dunkler und mal heller,
aufwärts sinkt das Leben schnell und schneller,
das vom Zentrum stets nach außen strebt.

Die blaue Blume

Der Welt der Mythen, Sagen und Legenden
entspringt aus Musenmunde eine Mär...
Doch nur Poeten können sie verwenden,
denn deren Ruhm geht gar damit einher.

Nur, wer Romantik trägt in seinem Blute,
wird jemals wissen, wo er suchen muss;
was birgt Erato unter ihrem Hute?
für jeden sonst den Trunk vom Lethe – Fluss!

So sagt uns ein „On-dit" von einer Blume,
die nur beruf'nerart gefunden wird:
Ganz ähnlich jener Mär der „Roggenmuhme",
in deren Korn so mancher sich verirrt!

Es ist die Blaue Blume der Romanzen,
ein Blümlein, das Novalis einst gekürt,
das ohne die Sonette oder Stanzen,
erklärt, wem Dichter–Lorbeer echt gebührt!

Versenkt ist sie in Wäldern, da noch Schneisen
im Strauchgewirr sich öffnen, wie ein Tor,
um welches Feen im Morgenlichte kreisen
und ziehn Romantik–Blumen sanft hervor...

Da tritt ein Zwerg zu unserem Dichter hin,
und zwischen wilden Rosen lacht es blau...
Du bist ein Dichter – da ich sicher bin –
pflück dir die Blume der Romantik – schau!

Der Dichter ließ sich zärtlich auf sein Knie;
er sprach: Ich brech die Blume nie, denn traun:
Ein jeder soll sie sehen – doch brechen? nie!
denn jeder Gottgewollte soll sie schaun!

Poeta laureatus – stimmst du ein?
Ein echter Dichter musst du dazu sein!

Lar familiaris *

Es hat bis hier dein Saitenspiel geleitet
durchs offne Tor mich, in dein helles Haus –
Wer bist du denn, der solches mir bereitet,
der Niegehörtes breitet vor mir aus?

Dein Saitenspiel hat jenen stillen Funken
des Göttlichen geweckt, ich war erwacht
und hörte ferne Töne – freudetrunken
erhob ich mich entgegen dir bei Nacht.

Du schienst die Meisterin im Unsichtbaren,
und deine Leier war mir süß belebt;
bist du die Botin aus dem Reich der Laren,
von wo dein Geist die Poesie erstrebt?

Nun bin ich hier vor dir – und ohne Hülle;
des Hoffens voll, im Bunde der Natur –
Bist du ein Geist des Alls, der in der Fülle
geleitet hat mich er auf seiner Spur?

Ich trete hin vor dich im Geisterlande
und stehe nun in deinem offnen Tor –
Trittst du mir hier im purpurnen Gewande
als meines Lebens Königin hervor?

* In der röm. Antike ein Schutzgeist der Familie

Engelmutter...

Ich rief dich oft und kannte keinen Namen,
wenn ich erwachte und ich nicht mehr schlief.
Ich hab's erlebt, dass deine Flügel kamen,
wenn meine Not so tief war, wie ich rief...

Du kanntest mich und fasstest meine Hände,
doch deinen Namen sagtest du mir nicht,
und nie erfuhr ich, wo denn dein Gelände –
du sagtest nur: Ich tue meine Pflicht!

Du warst mein Trost in Herzensfinsternissen;
du holtest mich aus dem geträumten Grab –
Aus mancher Qual hast du mich ausgerissen,
und traumverwirrt, warst oftmals du mein Stab!

Dir waren Wunder Selbstverständlichkeiten –
Und auch die wunderbaren Melodien,
die du ersannst, mir Freude zu bereiten,
die durch dein Herz in meinem sich vollziehn...

Mit einem Worte: Du warst mir Geleiter
als ich noch jung war – bis zum letzten Tag...
Doch einmal abends flogst du plötzlich weiter –
Du grüßtest mich mit letztem Flügelschlag...

Traumtänzer

Gedanken tauchen abends in die Sterne,
bedeckte sich mein Leib auch längst mit Staub.
Der Weg gilt, dass man niemals ihn verlerne,
denn meine Ohren werden langsam alt und taub.

Die Sterne sind mein unerreichtes Land;
mein Glaube füllt zusammen keine Schale.
Ist da nicht führend irgendeine Hand?
Ich rufe es zum wiederholten Male…

Verwunschen sind nur Ewigkeit und Raum –
Wer glaubt noch dem als Kind geträumten Traum…?
Wer aber einst vom Dämmern heimgetragen,
der glaubt hernach Propheten und den Sagen.

Gern getan…

Ach – lass' mich lieber ganz allein
die Winternacht im Mondenschein
durchwachen…
Es hüllt das Leben fest mich ein,
so kann, so soll, so muss es sein:
mit Lachen…

Schneeschleier wehen seidenfein
und wollen nur ein Vorhang sein
- und Reigen…
Es ist kein Fluch, der mich so trieb,
denn, was ich tat – es war nur Lieb:
mein eigen…

Sommer 2003

(Bourgogne)

Die Sonne scheint, die Flüsse heut zu kochen;
das Land ist braun gebrannt und sengt sich ein.
Der Doubs ist fast versiegt durch Feuerwochen,
und die Abteien nur Ruinenstein…

Die Glocken schweigen still – verbrannte Auen:
kein Obst, kein Honig quillt, nur dieser Wein,
den kost die Sonne und den lesen Frauen –
und auch die Rosen lässt die Sonne sein…

…und alle Dörfer liegen still, wie Wunder:
uralte Giebel, bröckelig gebaut;
an manchen Toren hält sich der Holunder…
ganz anders als daheim – und doch vertraut.

Die Nacht wächst lau; pastellne Farben binden
den Blick zur Abendsonne goldnem Licht.
Die Luft ist schwül, beladen von den Winden
des Südens: Bilder, Traum - …und ein Gedicht.

Zwar wird ein jeder seine Heimat preisen,
doch würde ich zu einem kleinen Haus
inmitten des Burgunderweines reisen –
Gedanken tragen mich ins Land gar oft hinaus…

Es bedeutet viel

(nach Ingeborg Bachmann – vollendet
– um ihretwillen, Weihnacht 2003)

Es könnte viel bedeuten: wir vergehen,
wir kommen ungefragt und müssen weichen.
Doch, dass wir sprechen und uns nicht verstehen
und keinen Augenblick des andern Hand erreichen,

zerschlägt so viel: wir werden nicht bestehen.
Schon den Versuch bedrohen fremde Zeichen,
und das Verlangen, tief uns anzusehen,
durchtrennt das Kreuz, uns einsam auszustreichen.

…und doch! ein Hoffnungslicht wird angeboten;
zwar unsre Leiber werden dicht und dichter,
doch ist der Geist lebendig – von den Toten,
und lebt, wenn unsre Fahrt wird licht und lichter.

Mein Freund der Baum – ist tot;
er fiel im frühen Morgenrot…

Zerzaust vom Sommerwinde
da blühte unsre Linde
so manchen Sommertag;
Dann kam ein Tag zum Grämen,
wir mussten Abschied nehmen:
so weh tat jeder Schlag…

Das Laub, es fällt zu Haufen,
und meine Tränen laufen –
der Nachbar watet drin…
Der Baum schwang seine Äste
zu uns, und Vogelneste…
Ach, böse Nachbarin.

Dann kracht es und es krachte,
was unser Herz entfachte:
Verflucht seist Mörder, du!

Die Freude abgewendet,
die Linde war verendet,
der Tag, er war geschändet!
Gott geb dir nie mehr Ruh –
Nun, Nachbar, leid auch du!

- Und heute fällt der Herbst so rot,
und unser Fensterblick ist – tot.

Schwellen

Was bleibt wohl vom Gewesenen der Welt?
Wo finden Zuflucht wir im Reich der Trauer?
Gefallen ist, an was der Mensch sich hält;
schier unvergänglich der Gestirne Dauer.

Der Menschheit Kreuz, Gedanken unterm Joch,
den dunklen Mächten ganz anheim gegeben,
bleibt über allem uns der Tröster doch,
denn seinem Trost gab er ein ewig Leben.

Er nährt das Menschenherz mit seinem Licht,
das nur entflammt in schweren Seelensiegen.
Daraus entspringt der Menschheit Zuversicht
und Hoffnungsglanz, die Menschheit drin zu wiegen.

Das Leben ist und bleibt Vergänglichkeit
und wird gespeist aus nieversiegter Quelle.
Wir schweben überm weiten Meer der Zeit,
doch muss ein jeder über seine Schwelle.

Harre, arme Seele, die du der Sonne entbehrest

So harre nur, du Sorgenhaupt,
und tröste dich in Schlummer –
Der Wald ist ringsumher entlaubt,
und Busch und Heide schneebestaubt;
das Land in Frost und Kummer.

Doch morgens späh der Sonne nach
und schau sogar zum Turme:
es lagert auch auf seinem Dach
der Schnee, doch dort im Eckgemach,
da bläst der Wächter – immerwach
sein Winterlied im Sturme…

Sein Solo klingt uns klar und rein:
ein Herzensgruß der Geister –
Und Eis und Schnee in Flocken schnein,
und Dohlen fliehen wälderein –
Posaune bläst der Meister…

Ja, eines Tages taut der See,
und Wellen kräuseln Winde…
Dann blühen wieder von der Höh,
vertreiben letztes Winterweh,
die Blüten an der Linde…

Nebelimpressionen am See

(Silvae nigrae corde tote - ...tristis vespertilio. Scheffel: Waldlieder)

Dunst steigt aus des Flusses Wellen
und im Nebel schweigt das Land.
Heute will der Wald nicht hellen –
mondbleich glomm der Sonnenrand.

In die blasse Trübnis tauchte
sich der Fluss, der Wald, das Tal.
Spiegelbild, das sanft behauchte,
war der See – verschleiert, fahl...

Raben krächzen und sie fludern
einzeln aus dem Waldbereich,
starke Schwingen doch, die rudern
übern See – dem Boote gleich.

In den uferfernen Weiten
silbermatten Dämmerlichts,
sicht man lautlos Kähne gleiten
durch die Nebel – bis ins Nichts...

Fischen, Jagen, Fallenstellen,
auch das Verseschmieden – Tand!
Nebel tanzen über Wellen...
ziellos ist – die Nebelwand.

...und wir saßen an den Wassern zu Babylon und weinten...

Psalm 137

Wir sitzen an den Wassern Babylons
und haben unsren Reichtum nie vergessen.
Doch alle Lieder - Klang des Klagetons -
sind unsres Schmerzes Tiefen angemessen.

Wir stürzten einst die Mauern Jerichos,
da warn wir stark genug sie umzublasen;
doch jeder Ton aus dem Posaunenstoß,
bracht Gotteswidrigkeit und Zorn und Rasen.

Wir beteten schon in Jerusalem
das Rechte nicht – wir wollten nicht mehr beten...
Doch hier ist Blut von beiden: Seth und Sem,
mit dem wir heut das Brot der Sklaven kneten...

Was niemand weiß – ich sahs in Bethlehem!
Hier ist Gebet dem Klagelied gewichen –
doch jener Engel sprach so angenehm:
Euch ist der Schulden größter Teil gestrichen,

denn bald wird man Erlösung euch verkünden;
den Heimweg wird der Höchste für euch finden.

Der Stern

Er strahlt, er ist ein feierlicher Stern...
Man sagt: ein Engel habe ihn gezündet.
Und jede Stadt wird nun zur Stadt des Herrn,
denn alles wird mit Namen so entsündet.

Wer ist gestorben? Augen schimmern fern;
es ist die Seele, die im Äther mündet.
Nun leuchtet sie und ist der neue Stern,
der mit den andern meins verbindet –

Er ist die Wiedersaat mit neuem Kern...

Der Lebensbaum

Ich träum zuweilen meinen Rosentraum,
doch manchen träume ich, wie unter Tränen.
Ein unbestimmtes, hoffnungsvolles Sehnen,
das macht mich glauben an den Lebensbaum.

Der Baum des Lebens ist's, vor dem ich kniee,
wenn die Gedanken sprudeln wilden Wein;
und manchmal rät er mir, auf dass ich fliehe
und eine andre Lebenssicht beziehe –
so manchmal ist er nur um Schutz zu sein…

Ein Stern – er fiel mir zu in einer Nacht.
Die Wolken schrien im Blitzen wie Posaunen –
Die Angst lässt sie vergehn, die Schelmenlaunen,
und aus den Träumen ist man schnell erwacht.
In solcher Nacht!

Dann wachen all die grausen Bilder auf
und Phantasien der Höllen und der Plagen.
Doch ungestorbne Liebe lebte auf;
und Hoffnung regt zu neuem Lebenslauf;
aus der Erfahrung weiß der Geist zu sagen:
Die Liebe löst im Lichte jeden Traum,
und führt zu Sternen meinen Lebensbaum…

Saisonale Irrtümer

Verschneite Wälder kommen mir entgegen,
die dürre Pappel steht am glatten Weg;
die Krähen, die vor Kälte sich nicht regen
und aufgeplustert sitzen auf dem Steg.

Gehöfte – einsam frieren auch die Hunde,
und suchen in der Scheune Lagerstatt.
Schon schlägt im Dorf die mitternächtge Stunde;
der Mond geht auf, der seine Runde hat…

Das Land gleicht einem weißbestaubten Schragen,
der ausgedient und leer ist – und verbraucht.
Die Frucht der Erde ist längst heimgetragen,
und alles ist von Eis und Schnee behaucht.

Doch jede Nacht und alle toten Zeiten
die sind imgrund nur Wechsel – und vorbei
bedeutet: neues Leben vorbereiten,
und Frost und Nacht sind wirklich einerlei…

Wagners Musik

Atem bist du – reiner Odem…
Statuen atmen, wenn sie hören.
Bilder sind still.
Du bist Sprache aller Sprachen.
Senkrechte Zeit, die von unten
nach oben verstreicht…

Du wandelst Landschaften
in – Gefühle,
und das Herz ist die Kammer,
die dich hält – Kammermusik!

Du bist nie solche gewesen,
sagen sie – doch mein Herz
ist eine Kammer,
und darin tönt und jubelst du…
Luft – sagen sie – sei dein Medium;
Molekül für Molekül sei
ein wohltemperierter Äther,
der dich trägt…
Bach war ein Meer,
du, Wagner, bist ein Wagender,
der versucht aus einem Meer
einen Ozean aufzuwühlen -
um ihn zur See abklingen zu lassen…
Eben: Kammermusik –
für meine Herzens-Kammer…

…doch du bist nur für Auserwählte…

Melancholia…

Ich suchte meinen Wanderpfad
und fand die süße Herbstzeitlose;
längst war dahin die letzte Mahd,
verblichen längst die letzte Rose…

Wie kalt wirkt heut der Himmel doch,
und Wolken schweben in der Blässe;
ein kleines zartes Wolkenloch
reißt blaue Inseln in die Nässe…

Mein Herz, es flattert und es irrt,
folgt krummem Pfad, wie die Libelle –
Ein Fuhrwerk, dessen Kette klirrt
fährt über eine Wurzel-Schwelle…

Die Heide – Schäferhundgebell..
Es lichten sich die Buchenhallen;
Die letzten Vögel fliehen schnell
und alle Blätter werden fallen…

Im Kahn den blauen Fluss hinunter

(Gottfried Benn)

Was soll man tun? der Abend bricht schon an –
Von allem Tagwerk ist noch nichts vollbracht.
Es dämmert schnell und lichtlos schwelt die Nacht;
Ist nirgends Licht, dass man mich sehen kann?
Ach, alle Helle ist in Acht und Bann!

Heut trug ich übertags die schwerste Last;
ich wandelte damit auf Jungendpfaden,
und diese Last war selber aufgeladen –
es war, als hätte ich mich selbst gehasst –
denn ich war meiner eignen Seele Gast!

Ach, Götter, wandelt mich zu einem Boot!
Im Kahn den himmelblauen Fluss hinunter,
das ging in Pracht und Glanz – doch es ging unter…
Was bleibt? – das ist Gedenken an den Tod…
vergangen sind Gedanken und das Boot.

Die Allerletzten

Die Seelen der Verlornen sind aufs Rad
geflochten in der blutigsten der Welten.
Sie sind die letzte, die allerletzte Mahd
auf deren Weg die Sterne nichts erhellten...

Ein Wintertag, der voll von grauem Licht
ans Fenster stößt und dunkel ist die Sicht,
wirft wilde Schatten, die sich furchtsam fingen
als wolle jemand in das Innre dringen.

Der Brunnen rinnt nicht mehr, und doch
sind Tropfen, die das Unsichtbare schmilzt, zu haschen –
die Sonne, düster glimmend, ist wie ungewaschen,
sinkt westwärts – dunstet durch ein Nebelloch.

Es ist ein dunkler Nachmittag mit Dämmerlicht,
der schwer und duster an die Scheiben bricht.
Ich ziehe mich ins Licht zurück der Dinge
und doch: das Dunkel kommt – auf dass ich ringe...

Bittersüßes Wissen...

Wie bunte Blüten scheinen diese Tage
in unser Herz zu blühn – zu einem Sein.
Ich dachte, mit dem letzten Stundenschlage
sei ich befreit vom Hier – und Das sei mein...

Ich sank beherzt, doch leer auf jene Schwelle –
ich musst sie übertreten, - jeder muss!
Ich wartete auf eine große Helle,
doch sieh! ich landete an einem – Fluss...

Der Fluss der Zeit war: Labyrinth der Trauer;
auch drüben sind noch Reste dieser Welt.
Nur der Gestirne niegezählte Dauer
sieht auf die Trümmer - unser Sein zerschellt.

Ich möchte sicher sein und davon weichen,
und dazu überwinde ich die Nacht.
Die tränenvollen Kelche wird nur reichen,
wer an die Schmerzen hat für mich gedacht.

Einst unterm Kreuze... ich bin preisgegeben,
doch trage ich, wie alle, nur mein Joch!
Mir wird, was jedem wird, ein andres Leben –
nun, da ich denke – Tränen bleiben doch...

Hoffnung

Grenzenlose Heiligkeit:
Liebe unerschöpften Grundes –
deinen Glanz des ew'gen Bundes
sende uns zur Hohen Zeit,
und vertreibe durch dein Funkeln
alles Dunkeln…

Des Vergebens sanften Strahl
fälle aus auf unser Harren;
senke dich aus dem Erbarmen
tiefer ein – von Mal zu Mal!
Lass' uns deinen Trost erwerben,
eh' wir sterben…

Tharsis Schiffe

Wo die versunk'ne Stadt, von Schatten übertrauert,
vielleicht im Moor am Rand des Meeres lag;
wo einst Phoinikerschiffe lang gelauert
auf stille Winde und den rechten Tag,
da machten einst auch fremde Götter Rast,
und nahebei trug Atlas seine Last.

Dort nahe lag das Land der Hesperiden
im Tropenwinde grünender Zypressen.
Dort war's, wo Tharsis-Schiffe sich entschieden
zur Nordfahrt, von Britannias Zinn besessen.

Die Phoiniker, Nordlands blonde Recken:
Hyperboreer in Fosites – Namen;
Das Zinn galt es nur wiederzuentdecken,
weil sie als Friesen, als Philister kamen.

Du kennst sie immer, die jahrhundertlang
die alte Heimat dort im Norden wussten,
und deren Wappenbild, der Sänger-Schwan
sie trieb, dass sie die Nordfahrt machen mussten.

Und die Geschichte schließt den alten Reigen:
Seevölker kamen nach Ägyptens Strand,
und von Tut-mosis ließen sie sich zeigen,
das gottversprochne, das Gelobte Land.

Sieh: Tharsis, ihre Gründung, lag am Wege.
Es war'n Gefangne, die aus Kanaa
mit Wicking-Schiffen, sehr bewusst und rege,
die Heimat suchten, das Basileia.

Nun, Tharsis-Schiffer alle: Alt – und Jungen,
erkläre ich das Lied das hier gesungen,
sofern es denn erwünscht – verschlossne Ohren,
die haben dieses Wissen längst verloren…

...und der Lärmen ward weniger...

(Anette v. Droste-Hülshoff/Judenbuche)

Garten lauscht der Mitternacht,
hat die Stille mitgebracht
als ein Frühlingszeichen...
Lange klingt schon vor dem Tag
Nachtigallen-Freudenschlag
von den knorren Eichen...

Flüsterwort – ein Liebesgruß,
der als Abschied gelten muss;
Liebesangebinde...
Langsam graut der Morgen auf,
sonnenwarmer Frühlingslauf;
Rauschen in der Linde...

Die Geliebte huscht davon;
er vermisst den Liebeslohn –
Lichte Strahlen suchen...
Sonne ist nun aufgewacht,
und der ganze Himmel lacht
hin auf grüne Buchen...

...und mählich erwachsend, der Lärm erwacht,
vorbei ist die Ruhe der Mitternacht;
die Menschen, sie hasten und streben...
Erst wenn wieder Abend graut,
sind die Gärten nicht mehr laut –
so flüstern die Zibeben...

Verlorener Sohn…

Ich steh verwirrt vor deinen Toren
mein ungewisses Labyrinth;
dring ich erst ein, bin ich verloren –
und lockt mich gleich dein Sommerwind!

Es sind in mir die Sehnsuchtswehen;
Sie rauben mir die Herzensruh'…
Ich kann die offnen Tore sehen,
doch hinter mir? – da fall'n sie zu!

Ich kenne deine engen Gassen,
weil ich dort Eigentum besaß!
Nur habe ich sie einst verlassen –
noch kenn ich sie, doch ich vergaß…

Nun bin ich also vor den Toren –
seh hinter mir die Schatten schon…
Und habe ich mein Recht verloren;
Bin ich doch Dein verlorner Sohn!

Frei geblieben...

Die Nacht ist still, die Nacht ist voll;
ich weiß nicht, was noch werden soll –
Es dämmert im kühlen Grunde…
Der halbe Mond macht ahnungsschwer
die Runde um die Berge her;
nun naht sie, die schwere Stunde!

Den Nachtkauz hör ich drüben schrein –
Nun wird sie kommen! Wird sie mein?
Ach, diese hindernden Mauern…
Nun wogt es wie ein Geisterheer;
im Nebel wird mein Herz so schwer
von ungewisslichen Schauern…

Nun keucht es und es blitzt ein Licht!
Sie ist es! – nein, sie ist es nicht!
Wie lang schon dehnt sich mein Bleiben?!
Zwei Stunden stehe ich – und nun?
Ich könnt daheim im Bette ruhn –
am besten, sie abzuschreiben…!

Ich weiß, ein freier Mann darf wolln,
was andre nicht im Traum nur solln…
Jetzt überlege ich in Schnelle!
Nein! die Entscheidung fällt nicht schwer,
sie kommt ja ohnehin nicht mehr –
das klapperdürre Gestelle!

Juchhei! nun bin ich guten Muts;

ich will sie eh nicht – ei, was tuts?!
Hurra! ich bin frei geblieben…
Nun erst bemerke ich wie gar
so nahe ich am Abgrund war –
Hinfort mit den menschlichen Lieben…

Ich bleib als Junggeselle frei;
blas in der Heide die Schalmei –
Doch dass ich nichts überstürze!
Wenn ich nur einen Apfel will,
ist doch ein ganzer Baum zuviel!
Im Bescheiden liegt ja die Würze!

Regenbogenraum...

Fahrtgenossen – durch die Träume
ihrer Seelen... Zauberland!
In die unbekannten Räume,
da sich Paralleles fand...
Die sich an dem Silberfaden
abgelöst vom Eigen-Sinn,
lassen ohne Seelenschaden
anderen den Hauptgewinn!

Sanft entglitten eignem Leibe,
der als tot ist eingestuft,
treten sie aus ihrer Bleibe,
wenn das Geisterschicksal ruft...
Und in sanftem Höhersteigen
fluten sie zur Anderswelt –
bilden einen Geisterreigen,
der als Hauch sich ausgefällt...

Endlos sind die Seelenwege
dieser fremden Dimension,
doch der Schicksalsuhren Schläge
mahnen sie zur Umkehr schon...
Umkehr, die alsbald vollzogen
durch der Silberfäden Tür...
es tritt aus dem Regenbogen,
einer Seele Hauch herfür...

Parallele Weltgefüge,
sie entheben uns der Zeit –
Was im Geiste sich vergnüge
sei zur Umkehr stets bereit!
Nun entwichen, liegt verlassen
jener Regenbogenraum…
Seine Fülle kann erfassen
nur des Auserwählten Traum…!

Hoffnung im Winter

Graue Wolkenmassen,
über meinem Haus,
schneien sich in blassen
Schleiern sachte aus…

Unter weißen Zelten
biegt sich das Gesträuch…
Weiße weiche Welten
dämpfen das Geräusch…

Ab und an ein Beben,
wenn ein Zweig sich schnellt,
ist das einzge Leben
in der weißen Welt.

Dichte kalte Wände
decken alles zu -
einsames Gelände…
heute stirbst auch du!

Horch! da ist ein Schlagen,
eines Vogels Sang!
Wird zu mir getragen…
erster Frühlingsklang?

Meine Lieder...

Ich habe ein paar letzte Rosen,
die sonnenarm nie Duft gegeben,
tief angeschaut – den Sonnenlosen
gab ich voll Liebeslust mein Leben...

Wenn meine Lieder auch nur stammeln
den Rosen ihren tiefen Sinn:
sie konnten doch die Seelen sammeln
zu neuem duftendem Beginn...!

Wasserballade

...Und als ich durch den Regen schloff
mit den Gamaschen tief im Schlamm,
wie da mein alter Mantel troff,
hoch auf des Schwarzwaldberges Kamm...

Ich sah als traurige Figur
mein Ebenbild im Wasserbad,
und meiner Stiefel nasse Spur,
die eine ältere zertrat...

Gar nässlich ward mir da zumut:
ich war mit mir ein nass Gespann!
Der Regen floss von meinem Hut:
der fühlt sich noch durchweichter an!

Ich stieg bergab im Wasserbett,
das mir um meine Füße floss...
Doch endlich war ich, nass und spät,
daheim – ein nasser Hausgenoss!

Und als mein Weib mir an der Tür
zum Willkomm bot ein Wasser an,
da brach in mir der Zorn herfür,
der Zorn aus mir, sonst bravem Mann!

Ich will kein Wasser, schrie ich auf –
Schau mich doch an! – siehst du nicht, dass
ich gieße, wie ein Wassertrauf?
Willst du mich auch noch INNEN nass?

Und die Moral von dem Gedicht?
Biet niemals einem nassen Mann
(und tätest du auch nur die Pflicht)
auch Wasser noch zum Trinken an…

Filia hospitalis…?

(V. v. Scheffel)

Es ist ein Kreuz auf meinem Wege:
Zum fünften Mal im Hospital!
Genieße ich auch beste Pflege –
Im Vierteljahr, das fünfte Mal!

Und draußen strahlt die Sonnen-Wärme
auf jedes Blümlein vor dem Haus;
das Summen ganzer Bienenschwärme
sticht selbst das Vogelzwitschern aus…

Ich breche innerlich zusammen;
im Parke bricht der Frühling aus!
Voll bin ich innerlicher Schrammen –
Ich will nach Hause – will nachhaus…

Die können machen, was sie wollen:
Ich möchte endlich heimwärts gehn!
Ich wandre auch im Donnergrollen;
zu Hause ist es wunderschön!

Dem „ Neuen Geiste"

Klagen hülfe nicht, wenn man's vernähme;
wende dich dem „Neuen Geiste" zu!
Viel zu spät, dass man sich nunmehr schäme,
denn im großen Schatten stehst schon – DU!

Zwar im Schatten, doch um zu errichten;
Hoffen strahlt Dein Antlitz, sonder Trug.
Keiner soll verzweifelnd jetzt verzichten,
Hoffnung ist im Kommenden genug…

Lange hattest Du Dein Lied gesungen;
Und Du riefst die Menschheit oft zu Dir –
Ständig wächst, was freudig hingesprungen,
und es wird Bewusstheit – jetzt und hier!

Im Hafen von Osaka

Mein Spiegelbild scheint wasserrein
im Mondlicht vor den Bambusrüschen;
tief aus des warmen Windes Sein,
da schleifen Rispen in den Büschen…

Ein Bild der Ruhe und zum Lieben
aus lichterarmem Meeresgrunde;
es ist wie zauberhaft geschrieben –
und hält doch kaum die nächste Stunde…

Mein Maulbeerbaum – ich trunkner Dichter,
der sprachlich sein Empfinden meistert –
weht schattenbreit im Mondeslichte,
vom zarten gelben Mond umgeistert…

Das weite Meer – die Tropennacht,
die grade jetzt zum Herbste schreitet…
Mir hat der Abendstern gebracht,
dass sich die enge Seele weitet…

...dann sind sie nicht!

Die Sterne scheinen ganz in unsrer Nähe,
obgleich du keinen leichtlich fassen kannst;
ob sich dein Auge gleich am Fernrohr blähe:
es ist nur Menschenwerk, das du umspannst.

Der ungeheure Raum – nur Illusionen,
sie dämmen allzufeurig schäumend Blut,
denn durch Geduld wird das uns einst belohnen,
das heut noch unerkannt in Sternen ruht.

Wir, die seit Jahrmillionen ruhig schläfern,
wir wollen nicht, dass man ihn unterbricht,
den Schlaf; - wir gleichen jenen Junikäfern,
die einen Monat sind – dann sind sie nicht...

Erdengast

Von Drüben wird das Bildnis dieser Welt
mit Geisterblicken ständig neu erfasst.
Nur allzu oft verfärbt sich unbestellt
dies Bild durch einen fremden Erdengast.

Der Mensch, obgleich nur Gast, er maßt sich an
den freien Willen Gottes zu verstehen.
Er sieht das Licht nicht, weil nicht sehen kann,
wem Nacht und Tag in stetem Grau vergehen...

Und dennoch nutzt er ständig sein Gesicht
zum Sehen, oder wenigstens zum Fleh'n.
Wer weiß, ob er nicht einestags ein Licht
wird durch das Grau der Erde leuchten sehn...

Meeresturm

Uralter Wind vom Meere –
Wehen von Süden und Nacht....
Heulen doch deine Heere
her übers Land ihre Macht.

Wache ich am Gestade,
wenn du die Rosse jagst,
ist es als ob er mich lade,
weil du das Wilde magst.

Uraltes Wehn vom Meere:
Welle um Welle tost!
Leuchtturm – dein Licht, es mehre
blässlichen Lichtes Trost...

Schwarze Musen

Flüsterstimmen - sie rufen,
tonloses Flüstern im Ohr:
Gehst du dieselben Stufen?
Rückst du denn gar nicht vor...?

Leier, du klingst ihre Weisen:
Lautlos mit Tönen des Nichts –
Sind ihre Saiten denn Eisen?
Kündend das Lied des Verzichts?

Einflüsterer – bald wird man wissen:
Gabst du den richtigen Klang?
Feuerflamme zu küssen,
leben wir andern Gesang!

Auf den Knien meines Herzens

Es ist die Zeit im Schnee zu knien
und eine Kerze anzubrennen;
wenn sich die Wolken bald verziehn,
kann man den Weihnachtsstern erkennen.

Das Auge wird von Tränen nass,
wenn Engel her zur Erde reisen;
der Liebe weichen Neid und Hass
und zärtlich klingen Weihnachtsweisen.

Wenn dann im Herzen frei vereint,
die Hoffnung auf das Neue stiege,
dann wäre Trost und keiner weint,
dass Freude in den Herzen siege.

Und Menschen sind nicht länger Knecht,
und kein geheimer Neid wird brennen,
wird aufgelöst das falsche Recht,
kann man das neue erst erkennen…

So horch! Posaune tönt von fern
als Himmelsgruß den Menschenohren.
Vom Himmel kommt ein neuer Stern
und ist als Erdenkind geboren…

Bewusstwerden...

Ganz raumverloren schwankt mein Morgen-Sein:
Ich tauche auf aus fast entrückter Nacht –
und strahlend bricht das Licht auf mich herein;
ich bin ins Dasein neuerlich erwacht.

Ich war im Schlafe tief am Grund der Zeit
und kehre zögernd nur in mich zurück.
Im Schlafe, träumend schwebte ich – wie weit...?
Der Traum war wie ein längst entbehrtes Glück...

In der Entfernung sank des Tages Leid,
und tot im Leben schwang zum Takt mein Herz;
Mit allem Wachen sank und floh der Streit,
und ging von mir und zog sich sternenwärts...

Mein Tagbewusstsein – weit ins Aus geronnen –
sank gliederlos und fühllos unterkühlt,
und doch – es hatte sich ein Teil besonnen,
und unvergessen Morgenlicht gefühlt.

So wachte auf ich, mit geschlossnen Lidern,
gleichwohl, noch außen blindgeborn und leer;
ich fühlte Lebensodem in den Gliedern
und wusste alles - noch vom Abend her...

...und überraschend sah die Seele Licht,
wo bis anhin die Ohnmacht hielt die Macht;
gleich, wie die Sonne durch die Wolke bricht,
brach auch das Herz, das Dunkel dieser Nacht...

Mein Sein, getrennt von seinen nächt'gen Schwestern,
fühlt jeden Tag das Morgen - ungewohnt,
denn morgen ist das Heute schon ein Gestern:
das ist die Zeit, die über allem thront…

Traum vom Ende…

Die Erde – sie wird einmal rein,
Ich sah's im Traum als Schattenriss.
Was brennbar ist wird Asche sein –
Ich sah im Traum den Feuerschein
und Abgesengtes: Arm und Bein…
Nun wirst du wahr: Nekropolis!

Doch alle werden auferstehn,
die heute guten Willens schon…
Die Toten werden heimwärtsgeh'n
und durch die weiten Räume seh'n
als wäre das, was wird gescheh'n –
nur Vision…

Gralshüter...

Du, Mensch, musst deinen Gral behüten,
denn lichterfüllt bist du durch ihn erwacht.
Der Himmel sendet seine Feuerblüten
und seine Flammen engelstark zur Nacht.

Die Engel scheinen reine Gärtnerscharen;
uns ist ihr Antlitz auferstandne Pracht –
Sie müssen nun dem Gral sich offenbaren,
dann holen sie die Pilger aus dem Schacht.

Wir Erdenpilger wühlen uns hinunter
und finden dunkel unser Heiligtum;
der Schwache werde stark, der Müde munter
und suche immerzu des Grales Ruhm.

Wer lichterlos der Sonne wagt zu nahen,
begibt sich in Gefahren dieser Welt.
Lasst euch von Engeln führen, denn sie sahen,
dass ihr bestrebt zu tun, was Gott gefällt...

Sol invictus

Gefrorne Nacht zieht wie ein dunkles Tuch,
das mich umschlingt, hin durch den weiten Hag,
und nur der Stern, der helle, hebt den Fluch,
der tausend Jahre auf der Erde lag.

Vereiste Scheiben werfen stumpfes Licht
vom Tannenbaum hinaus auf Schnee und Eis…
Vergesst nur, Menschen, nun die Christnacht nicht,
und - außen kalt - ist's Herze innen heiß.

So heizt die Herzen, dass sie Feuer flammen,
dass Licht und Liebe weiten hell die Nacht,
und setzt euch allerwärts im Bund zusammen
und zeigt, für wen man dieses Fest gemacht.

Zum Hesperos

Schwer zu klimmen scheint der Gipfel
und begeht sich leicht im Licht.
Ferne seh ich letzte Wipfel;
Neue Lande sind in Sicht.

Berge, Heide – neue Länder,
Vogel, der in Freiheit spielt;
Ströme, Flüsse – deren Bänder
zeigen ungezähmt ihr Bild.

Helle Wolken schweben heiter
hoch am blanken Firmament;
in der Freiheit zieh ich weiter,
dorthin, wo der Abend brennt.

Dunkler wird das Licht und dichter;
schattenreich sind Dorf und Tal;
winzig flimmern kleine Lichter –
ändern stetig ihre Zahl...

Klarer nun, im Winde milder,
streckt sich heidewärts mein Lauf;
wunderbare Sternenbilder
tauchen ganz allmählich auf.

Heute wird im Heidelande
mir die Ruhestatt gericht:
Lauer Wind im warmen Sande
und der Himmel voller Licht...

in dubio - pro deo!

Unaufhaltsam seine Bahn umrunden!
Jeder muss, auch wenn ihn sterblich hält,
was er einst im Leben hat gefunden –
wirf es ab! Es war die falsche Welt...

Wenn nun Götter träten aus den Dingen?
aus den Wänden, aus dem ganzen Haus –
würdest du entgegen sie dich ringen?
oder wanderst du mit ihnen aus?

Frühlingsrauschen...

Heut war an einen Baum ich angelehnt
und lauschte still dem ersten Blätterrauschen.
Ich hatte mich zum Lenze lang gesehnt -
mir angewöhnt, an einem Baum zu lauschen.

Zwei Wurzeln hielten mich, die hart und groß
ihr überirdisch Leben hatten aufzurecken;
hoch wuchs der Stamm, die Zweige schwankten los —
der Himmel strahlte blau durch Wolkendecken...

Es waren Schatten dieser Wolkenstunde,
die immerfort Gesicht und Bild getauscht;
Der Wipfel bebt im Winde, aus dem Grunde,
dass endlich ich den Frühling nun erlauscht.

Noch eine Zeit hab ich am Stamm verbracht,
bis ich nur sicher war, auch recht zu hören,
dann rief das Haus mich, denn der Glanz der Nacht
mit warmem Südwind kann das Herz betören...

Welten im Raum

Geschwindigkeit ist ein Medium der Zeit.
Einer Schnecke bedeutet Zeit alles,
Geschwindigkeit nichts –
Und ein Atom?
Wenn im Raum des Nichts, im Äther der Leere,
dem Wesenlosen zwischen Kern und Elektron
nur Raum ist, dann befindet sich
dort aller Platz des Universums… der Hyperraum.
Da ein Atom sich formt
zu Molekülen,
diese sich zu Platonischen Körpern
und weiter zu Zellen,
so bleibt innerhalb unserer Welt
leerer Raum, mithin Platz
für unzählbare Parallel –, Gegen –,
Antiwelten und Andersräume.
Und das Atom fluktuiert so schnell,
dass man seine Abwesenheit nicht bemerkt.
Ist es aber abwesend, bildet es
Parallelwelten – und wie viele davon?
Das liegt nur bei seiner Geschwindigkeit –
und die ist unendlich… weil Illusion.

Auferlegtes

Die Welt schweigt still in schwarzer Nacht;
beim Gehen streif ich totes Laub im Schritt.
Bewundern sollte ich die Glitzerpracht
der Sterne, doch die Schwermut wandert mit.

Die Äste ragen seitwärts gleich Gestalten, -
Mit innerlichem Zittern – Tritt um Tritt –
scheint mich gespensterhaft das Grau zu halten,
und Laub erschreckt mich, das nur niederglitt…

Es wollte alles brechen, was ich litt,
und brach und spie sich aus, um zu erhalten –
Die Dunkelheit nahm meine Schmerzen mit,
und ich versucht in Ohnmacht Schritt zu halten…

Wenn auch die Seele brach, das Herz blieb still,
weil nichts geschah, was nicht mein Ego will…

Tropenstürme…

(Nevada – Südsee)

Arm aus den Wüsten sog das Tropenmeer
mich und des Geistes Sehnen nach den Winden;
ich war verdorrt, es schien von altersher –
mich trieb die Gier ein Segelschiff zu finden.

So tauschte ich, und ohne den Disput
in meinem Herzen deutlich auszufechten,
Tornados gegen den Taifun im Blut:
nach der Savanne triebs mich zu des Wassers Mächten!

Nun, Abenteuer breiten mir zuhauf,
und nach dem ersten Sturmwind in Extasen,
da tauchten auch die schlimmsten Zweifel auf –
den Sandsturm lobt ich mir, trotz Staub und Blasen.

Nun suchte ich nach anderm, sanftem Reich!
Gelang mir an den Heimatort zu wandern;
dort, hinter des Gebirges sichrem Deich,
da blieb ich dann, zu altern, wie die andern…!

So fand ich denn aus diesem die Moral:
Nimms, wie es kommt, doch stelle keine Weichen!
Und wolle nichts, es wird sonst leicht fatal…
…schau auf des Lebens wohl vertraute Zeichen…!

Mit 70, da hat man noch Träume…

Vor kurzem sah ichs grau an meinen Schläfen,
und nicht nur das: um meinen Mund ein Zug…!
Wenn mich nun meine Jugendlieben träfen?
Wär dann mein Haupt und Herz noch jung genug?

Zwar hab ich unter Freunden die Vergleiche,
doch bin ich alt, wie mir mein Blick gestand –
Und was ich nun bei Frauen noch erreiche?
Nun, manche gibt mir noch zum Gruß die Hand!

Ach, süße Schwermut – frohe Liebeszeiten!
Der Don Juan – ob er mir noch entspricht?
Seit gestern seh' den Spiegel ich von Weitem –
und schaue lieber nicht in mein Gesicht.

Mein Lachen – nun, es wirkt heut einfach reifer!
Zwar nehm ich mein Lorgnon nicht mehr zur Hand,
doch ich gesteh': in Eitelkeit und Eifer,
fühl ich mich trotzdem wie ein junger Fant…

Ja, wär ich Landschaft, wäre ich schon Winter,
nicht mal mehr Herbst, weil alles grau in grau…
Na ja, den Spiegel lass ich lieber hinter
dem Anbauschrank, dass ich nicht zu ihm schau…!

Herbstgedanken

Heut kam der letzte Vogelschwarm gezogen
in einem Keil - in strenger Formation;
noch fern im Süden sind sie abgebogen –
dann war'n verloren sie dem Auge schon...

Die Wälder schwelgen in den kühnsten Farben
und hinten weit, da klingt im Wald ein Beil;
sie holten längstens schon die letzten Garben
und nur die Sonne bringt uns noch ihr Heil...

Der Tag versinkt und Ruhe allenthalben,
denn für den Winter macht man sich bereit –
Wie lange schon, dass ich sah keine Schwalben;
Ein Frösteln sagt mir: bald ist Winterzeit –

Ach, Sommer, Sommer – wie hab ich genossen
dein warmes Dasein und der Heide Duft;
dann kam der Herbstwind – spielte seine Possen,
und jagte bunte Blätter in die Luft.

Nun sitz ich hier – ich schweife in Gedanken
zurück... wer weiß, wie viele Sommer noch?
Die Welten, die uns schon in Trümmer sanken;
So schön sie ist – einst lassen wir sie doch!

Sommerabschied

Dünste – herbstlich zart und zag,
hielt die Sonne in den Bäumen…
Friedlich stiller Nachmittag;
Lesezeit in blauen Räumen…

Sterbeklänge – Blätterfall,
und der Mädchen Erntelieder
tönen ohne Widerhall
auf das stille Tal hernieder.

Gott ist, der die Farben träumt,
Schatten hinterm Sonnenhügel. –
Von der Sonne hell umsäumt
schwingen Raben ihre Flügel…

Tal des Rheins, voll Ruh' und Wein,
und vom Berg die Bäche rinnen;
auf der Brücke kehr ich ein,
um ein wenig zu besinnen.

Droben trutzt Ruinenstein
mitten aus dem Weingehege –
Letzte Sonne wird es sein,
letzte Wärme auf dem Wege…

The last post

Ich fühle, wie das Sein verrinnt,
dass jeder einmal gehen muss –
Vor kurzer Zeit, war ich noch Kind,
nun steh ich vor dem Toresschluss.

Noch blüht die letzte Rose mir;
Die Traube bietet Zaubersaft,
doch trotz des Lebens heißer Gier,
verlässt mich nun die Leidenschaft.

Ich lebte eine Märchenwelt,
des Lebens Wollen ist getan;
Die Sterbeglocke, die nun schellt,
zeigt mir, dass ich bald gehen kann…

Am Himmel strahlt der Abendstern
und wünscht der Seele alles Glück!
Dort, wo ich hin geh, bin ich gern –
denk ich wohl je nach hier zurück?

Ich wandre durch die kühle Nacht;
ich spüre tief in meiner Brust:
Wenn ich in kürze aufgewacht,
bin ich im Lande meiner Lust!

Wahres Königtum

Alles trägt in ihrem Mutterschoße
unsrer Welt gegebene Natur,
ist sie doch die eine, immergroße
Königin, beherrschend Wald und Flur.

Seht die Rose, wie sie sich entfaltet,
doch im Herbststurm keusch entblättert sich,
und im Lenze, winters gut verwaltet,
ihrem Tode sie gewiss entwich.

Wenn sie dann die warmen Winde kosen,
Morgentau sie tränkt in reiner Luft,
wird sie blühend schönste aller Rosen,
ungekrönte Königin im Duft.

Nun – ihr Königtum ist reinste Freude,
im Genuss von Wald und Duft und Flur.
Rose, du bist uns die Augenweide,
doch die Königin von allem – ist Natur!

Sommer 2003

Der Waldhang färbt – wie er sich abwärts weitet -
so manches Blatt, es möchte niederweh'n...
Der Brand der Sonne hat ihn hingebreitet
mitsamt dem Kraute, das ihn nun begleitet
um ganz verdorrt den Winter anzugehn.

Die Rose dort, im Dunkel einer Mauer,
die matt am Rand der trocknen Städte lebt,
erfüllt die Sommerglut mit einem Schauer,
weil sie in namenloser Sommertrauer
dem allzufrühen Tod entgegenbebt...

Und viele Pflanzen wurzeln in der Wälle
vertrocknetem Gelehme, das sie hält.
Das Wasser steigt nie über ihre Schwelle,
und schwindet mehr und mehr in dem Gefälle,
und sickert über unsern Rand der Welt...

Und wenn man je die Tode prophezeite,
so ist's der Wärmetod in diesem Jahr –
Die Erde – ihre ungeheure Weite,
sie wartet des Gewinners in dem Streite
und weiß schon jetzt, dass dies der Sommer war...

Altweibersommer

Nun reifen schon die roten Vogelbeeren;
die Heckenrosen blühen an der Wand –
Der Sommer ist nun reif und geht ins Land;
Der Blätterfall wird nicht mehr lange währen…

Jetzt sollte man die Augen schließen können,
und wie der Sommer fühlen, der vergeht –
Die Sonne, die noch heiß am Himmel steht,
wird uns die letzten warmen Tage gönnen…

Dann kommt nichts mehr – das Dunkel zieht heran,
und bringt mir eine Fülle von Gesichten…
Ist Zeit mich für den Winter einzurichten,
denn winters such ich Höhlen, wenn ich kann…

Ich bange nicht, es hat doch jede Zeit
noch irgendwelche roten Vogelbeeren.
Wenn auch die Fröste manchmal mich beschweren,
der nächste Sommer ist für mich bereit.

Vielleicht, dass ich durch schwere Sorgen gehe;
Verfroren, dunkel, bitterlich allein –
Dann komm, mein Engel, komm an meinen Schrein,
auf dass Dein lichtes Sein an mir geschehe!

Letzte Stunde

Lebenswege – ihr führt mich im Kreise;
Allzulange dauert schon die Reise -
Unterbricht denn nichts den Endlosreigen?
Ringsumher sind Dinge – doch die schweigen...

Schwäne auf dem Wasser: Bild des Reinen!
Dort das Beet der Astern – blaues Weinen...
Ich geh mit im herbstlichen Verwittern,
doch ich werde älter – ohne Zittern.

Aber dieser Ruch des Morschen, Welken,
der nun herweht von verblühten Nelken,
weckt mich auf aus seligem Vergessen:
mir sind nur noch Spannen zugemessen!

Ranken, die zur höchsten Spitze streben,
gleichen mir und gleichen meinem Leben...
Einst schmerzt, wenn das Weinlaub wieder rötet
jede Stunde – und die letzte tötet...

Hoffen und Bangen

Nur ein paar fahle Sterne schauen
zu mir herab, zum stillen Wald;
das letzte Abendrot sieht kalt
auf leere, schneebedeckte Auen –

Zerriss'ne Wolkenbilder ziehn
und feuchte Abendnebel wehen,
und von den sturmzerzausten Höhen
schau ich zum dunklen Himmel hin.

Ich geh' im Winde - Wipfel schwanken;
Gezweig im Schneebruch, hier und da –
Was ich dem Schnee geopfert sah,
das war gleich Träumen, die versanken...

Wehmut – Verlassenheit schwoll an;
Ein Abendglöckchen tönt von ferne...
Da steht im Schnee, im Glanz der Sterne,
ein hungernd Reh – und flieht sodann.

Des Nordwinds wuterfüllte Klage
streubt mir das Haar im wilden Hauch,
bewegt im Zorn den Holderstrauch –
und weint um längstvergangne Tage...

Leicht frostig bricht nun Nacht hervor;
die Nebel drehen sich am Teiche
und durch die Nacht, die geisterbleiche,
ahn ich des Morgens Lichter-Tor...

Das Leben - eine Gleichung mit Unbekannten

Dieses Sommers letzte Tage
glühen nach in meiner Brust,
und mein Herz mit leisem Schlage
klöppelt noch den Rest der Lust.

Ach, wie selten werden Stunden,
die, wie jene brachten Ruh',
denn sie schlossen alle Wunden,
die mich schmerzten, wieder zu.

Meine Seele, umgetrieben -
ein Verlies um sich zu baun,
brach ein abgewiesnes Lieben:
Brach mein Herz und brach Vertraun!

Jedes Wachsen, alles Sterben,
auch das Welken und Verblühn
spiegeln sich nur im Verfärben
der Natur, im Abendglühn...

Um den Schmerz sind lauter Ringe,
dass mein Herz nicht brechen soll;
sind ein Sinnbild jener Dinge,
die für immer gleichnisvoll...

Selbst das Sprossen einer Pflanze,
die den Nektarkelch sich füllt,
trägt imgrunde schon das ganze
Liebesgleichnis – nur verhüllt!

Föhn

Winde brausen tief von Süden:
mild und warm und schwül vom Wein,
und sie machen, dass mir müden
Sinnes schläft die Seele ein...

Wogen fernher von den Landen
aus des Mittelmeeres Glanz,
spielen mit den Ufersanden
und des Wassers Wellenkranz.

An des Dorfes buntem Saume,
wo es um die Hütten pfeift,
wirbeln Blätter fort im Raume,
die schon längstens abgestreift.

Und ich seh mit trüben Sinnen,
vom Spaziergang abgeschreckt,
wie die Tropfen niederrinnen,
aus den Wolken aufgeweckt.

Ja! der Föhn hat solche Tage;
bleib ich halt vorerst zuhaus!
bis des Laubes braune Lage
treibt im Föhnwind weit hinaus...

Engelbesuch

Zur lauen Herbstnacht rauscht im Garten
ein leises Sein - wie Flügelschlag;
gelang mir nicht darauf zu warten,
dieweil ich fast im Traume lag.

Doch wie ein Vogel ohne Namen,
der zu mir kam, wenn ich ihn rief,
kamst DU, wie Engel immer kamen,
aus tausend Nächten, abgrundtief.

Du hast mich aus dem Traum gerissen,
als mir der Schlaf als Grab erschien,
enthobst mich meinen Finsternissen,
um mich dem Dunkel zu entziehn.

Von Wundern sprachst du mir - im Wissen,
dass solche immerzu geschehn;
berichtetest von Sondernissen,
die nimmermehr zuende gehn.

Und Trost kam mit den Melodien,
die du aus Lyren an dich sogst,
für mich, mein Sein, das wir vollziehen
stets, wenn des Nachts du zu mir flogst.

Noch mit dem letzten Flügelschlage,
der himmelwärts nach oben zeigt,
da wiesest du, dass Erdentage -
und was sie lenkt, gen Himmel steigt…

…und wenn die Herbstnacht meinem Traume
im Rauschen auch den Schlaf entzog,
so war's als ob vom Gartenbaume
ein Engelflügel heimwärts flog…

Lauscht!

Ich schlendere im Abendschein,
und Dämmerlicht liegt auf dem Tale;
ich suche durch die Nebel mein
Gelebtes – zum wievielten Male…?

Der volle Mond: ein helles Rund
in dunklen Himmels blauer Schale –
Ein sanfter Wind wiegt den Verbund
der Bäume unterm Himmelssaale…

Hoch über mir: der erste Stern
erscheint – und meine Tag-Gedanken
sind losgelöst, äonenfern,
und in mir fallen dunkle Schranken…

Mitsommernacht – du rufst ins Nichts
nach all den längst gegangenen Toten?
Ich schlendere am Rand des Lichts,
das mir vom Tage noch geboten.

Die Heide schwillt zum Märchenton
und will die Horchenden beschwören –
Ich lausche, denn ich lebe von
den Tönen, die nicht alle hören…

Ich schlendere zum Takt im Sog
der Nächte, doch ich höre Lachen…
Die Nachtigall, sie überflog
auch mich – zum seligen Erwachen…!

Septemberlicht

Septemberlicht verdunstet in der Ferne
und ringsumher das Land stirbt in Pastell…
Noch sind die Nächte warm im Glanz der Sterne,
doch wandelt die Natur ihr Wesen schnell…

Ich spüre Jahr und Zeit vorüberwandern,
dieweil die Sonne mich nur wenig wärmt.
Die Rosenblätter fallen zu den andern –
ein letzter Falter, der das Rot umschwärmt.

Ich sehe auf der Bank die Blätter sinken,
und fühle diese Sehnsucht mitzugehn,
doch ist schon unsichtbar ein sanftes Winken
des Aufbruchs in den neuen Lenz zu sehn…

Feentanz

Wie sanft der Sommerwind die Wälder streift
nun, da des Abends leise Farben tönen...
und wie die Müdigkeit die Vögel greift,
dass mählich Stille wächst aus allem Schönen;

dann spürt man Erdenkräfte im Gepränge
aus Tagesunruh sich zur Nacht erheben –
und aus dem Äther zärtliche Gesänge
bezeugen selbst in Ruhezeiten Leben...

Ein Dunstgewebe trübt der Wolken Tanz,
die dort am Horizont zum Dunkel gleiten,
und über allem steigt der Sternenglanz
sich strahlend übers Firmament zu breiten...

...und zarte Feen sind in dem blauen Saal
bei leisem Sphärensange zu verweilen,
und leichter wird ihr Reigen mal zu mal,
um durch das Dämmern heimwärts zu enteilen...

…im Herbst beginne ich zu träumen…

…Und abermals ist Herbst und Blätter fallen;
den Schwarzen Wald zerzaust der Abschiedswind,
der jetzt zur Herbstzeit bläst und der uns allen
die Bilder zuführt, die vergangen sind…

Der Himmel scheint heut blank, doch ist die Helle
wie Dunst - und sie verlor des Sommers Licht;
der See ist aufgepeitscht, und manche Welle
verliert am Strande eine Spur von Gischt.

Und abermals vergeht das Jahr und traurig
bedenke ich, was alles so versäumt;
ein wenig Trennungsweh durchfährt mich schaurig
als ofenwarm vom Winter ich geträumt…

Lenz allerwege!

Mich ruft des Baches Silberlaut,
und Veilchenduft weht um die Wangen;
als ich verwundert aufgeschaut,
hat schon der Frühling mich umfangen!

Ein erstes Grün, ein zartes Blau,
das sich im reinen Himmel spiegelt:
die Wärme schmilzt das Eis vom Stau
zum Wasser, das den Lenz entsiegelt.

…und über allem steigt und steigt
der Lerche Ruf ins Reich der Töne,
dass jede Blume eifernd zeigt
das ganze Ausmaß ihrer Schöne…

Und ich? – Ich blase die Schalmei;
ich denke an des Sommers Rosen –
nun kommt er bald, der Monat Mai,
in dem uns Frühlingsdüfte kosen.

Ach! welche Lust durchfährt im Lenz
die Winterbrust, noch streng verschlossen;
es mehrt in buntester Sequenz
das Licht die Farben – unverdrossen.

Hoch über allem aber schweigt
der Sonne goldenes Geschmeide:
erwärmt, was sich in Liebe zeigt –
erhellt, was sich vom Dunkel scheide…

Zeigt sich der Sonne Angesicht,
ein unverkennbar göttlich Zeichen:
erwärmt, was strahlt im Liebeslicht,
erhellt, was will ins Dunkel weichen!

Wetterwende

Mittagssonne auf der Heide,
fern im Westen schwarze Wolken;
Blitz zuckt auf aus blauer Seide!
Schreckt die Frösche in den Kolken –

Astern – violette Ringe
in dem Gärtchen auf der Heide,
und verirrte Schmetterlinge
flattern über dem Getreide…

Hirten ruhn mit ihren Schafen…
Enten schnattern durch das Kraut;
Winde, jetzt geweckt vom Schlafen –
Hui! Gewölk zusammenbraut!

Blitz – und plötzlich Wasserfluten
stürzen aus dem Wolkenzelt;
Sturm peitscht Büsche – Wasserruten
schlagen meine Heidewelt…

Bäche sind, wo keine waren,
stürzen durch den Heidesand;
abgekühlt muss ich erfahren:
fehlst mir nun, mein Sonnenbrand…

…unter einem Föhrenzweige
finde ich ein wenig Heil;
ach, dass sich's zum Ende neige
und ich trocken werd derweil…

Ungeduld aus Ginsterbüschen,
die sich wiegen vor dem Wind,
und am See der grauen Rüschen
wildverworren Angebind…

Da! so rasch als wie gekommen,
fällt ein letzter Tropfen: platsch!
Zweige kommen angeschwommen
und der warme Sand ist – Matsch!

Sieh! die lila Heiden sonnen
sich im neuen goldnen Schein…
und ich lache, meinen Wonnen,
darf kein Regen Schranke sein!

Trüber Herbst

Ein trüber Morgen lässt mich blass erschauern,
denn rauhe Winde pfeifen um die Mauern.
Die letzten Vogelzüge wehn nach Süden,
und unter diesen ziehn die Alten, Müden
in ihrem Leben letztmals traurig mit...

Zwar klebt noch Buntes scheinbar auf den Bäumen,
doch ist schon sichtbar, dass die Blätter träumen,
denn ihren Winter haben sie begonnen;
der Sommer ist für sie schon bunt verronnen...
Gefallen trifft man sie auf Schritt und Tritt.

Und morgens öffnen sich die Fensterladen
der Bauernhäuser später, in dem faden
und dunstverschleiert leeren Herbsteslichte...
Die Luft – sie atmet feuchte Moderdichte,
und Tod und Nebel liegen auf dem Gras...

Ich nehme mich nicht aus von diesem Sterben!
Zwar bin ich sicher einmal zu erwerben
den neuen Lenz mit vollen, bunten Bildern,
die mir dann bessre Wirklichkeiten schildern,
doch jetzt – ist meine Seele schwach und blass!

Himmelsschäflein...

Holder Abendfrieden,
goldner Himmelsglanz,
gibst uns auch hienieden
deinen Frieden ganz...

War der Tag voll Jagens
nach dem Ziel der Welt,
bleibt doch nichts des Klagens
für die Nacht bestellt.

Mond in Wolken – weicher
strahlt dein Angesicht,
machst mein Leben reicher
und den Raum voll Licht!

Sanft kommt nun das Dämmern,
doch mein Auge wacht;
unter Wolkenlämmern
naht sich schon die Nacht...

Gehe nun und schlafe,
müdes Menschenkind –
Einer zählt die Schafe,
die im Himmel sind!

Heideherbst...

Die Einsamkeit spannt mild die Flügel
weit übers kleine Heidehaus;
wie ferne Küsten grenzen Hügel
aus weißem Sand die Fremde aus.

Im Herbst - zu morgenfrüher Stunde,
ein Schwanenpaar im Ruheflug
dreht durch den Dunst hin seine Runde,
im Südwind mit dem Wolkenzug...

Die Sonne steigt aus rotem Grunde,
und golden glänzen Schilf und Rohr;
die Nebel lösen sich im Bunde
mit Sonnenwärme überm Moor...

Der Rauch des frischen Katenbrotes
zerfließt ins Blau aus dem Kamin;
die wilden Rosen ziehn als rotes
Gebind am Weidenzaun dahin...

...und alles Ruhe, nur die Raben
und Katzen spielen ein Duell,
denn alle woll'n das Mäuslein haben,
jedoch die Katzen sind zu schnell...

Der See, er kräuselt sich im Winde;
ein Kahn strebt altersmüd daher;
Das Hühnervolk als Hofgesinde
begackert, wie das Leben schwer...

Doch düstre Wolken, kalte Luft
mit dumpfer Ahnung: Wandlung naht.
Gar plötzlich weht ein kalter Duft
herüber von der letzten Mahd.-

Auf eins weht nun ein wilder West,
sodass man drinnen sich muss wahren,
dass auch ein letzter Sonnenrest
den Frieden lässt vorüberfahren…

…und alles will zum Hof hinein:
der Sand weht, und im Sturmesbrausen
lässt man den Frieden einfach sein
und sucht ein Schlupfloch, drin zu hausen.

Und keiner weiß, wie's weitergeht,
denn ich – ich raffte mich zur Flucht –
…ob wohl das Haus im Moor noch steht?
Ich hab es niemals mehr besucht!

Neues Jahr

Frischen Glaubens lass mich gehen
stracks hinauf zum reinen Geist –
ich will nun die Wahrheit sehen,
die du aus dem Dunkel reißt!

Meine Liebe, meine Treue,
meines Hoffens Überschwang
wächst hinauf als deine neue
Wahrheit im Posaunenklang...

Im Posaunenklang des Lebens,
das aus dir sich neu erhebt.
Traun! ich warte nicht vergebens,
hab' ich deinen Tag erlebt...

Morgenrot des Neuen Jahres...
steigst in Wahrheit aus dem Dunst
und erhebst dich mir als Klares,
Reines deiner Wandelkunst!

Endlich wage ich's vom Glauben
hin zu Wissens forschem Gang;
kein Philister soll mir rauben,
was nur wenigen gelang...

Darum – aus des Alten Leide –
darum glaub ich fest an dich,
denn mein Himmelslicht der Freude,
bringst du diesmal sicherlich!

Zerstreuungen

Die Tage münden, wie ein Fluss,
hinein ins ferne Meer der Jahre…
das Leben ist ein bittres Muss
vom ersten Lichtblick bis zur Bahre.

Die Jahre kommen, Jahre gehn
und niemals scheint sich doch zu wenden,
dass kommen muss, was soll geschehn –
und wie's begann, so wird es enden…

Es ist das große Spiel Geduld,
und mancher scheint sie nicht zu haben;
aus Langeweile wächst ihm Schuld –
und wird in Sünden auch begraben…

Nur, wer die Fähigkeit zum Warten
und zu dem Gleichmaß mit sich bringt,
und sich den Regeln beugt, den harten,
der wird am Ende gold-beringt!

So strebe jeder vor dem Ende
von dem Zerstreun zum Sammeln hin;
nimmt dann sein Leben eine Wende,
so wird ihm drüben wohl verziehn…

Erbsünde

Du gabst vom Baum als Friedenszeichen
den Apfel deinem Partner hin;
verboten war dir, ihn zu reichen,
doch dir ging andres durch den Sinn:

Du batest ihn, doch teilzuhaben
an jenes Apfels süßem Saft,
nur sind sie faul, die bösen Gaben
und ihr Genuss raubt dir die Kraft...

Er biss hinein und bracht ins Rollen
den Stein, der uns bis heute presst -
was er nicht hätte tuen sollen,
ist, was uns keine Ruhe lässt...

Was also aus der Lust entstanden,
der Eigenlust – statt Gotteshand,
das hielt bis heute uns in Banden,
bis Einer die Erlösung fand...

Es hat uns Gott die Lust versprochen:
aus Seiner Hand als Gotteskraft;
doch als wir unsern Schwur gebrochen,
da ward das Lüsten abgeschafft...

So gilt bis heut in den Gesetzen:
gelüsten soll dich nichts der Welt!
Von allen ihren vielen Schätzen,
bist du als Mensch hinweggestellt...

Es war der Sündenfall des einen,
der uns den Fluch als Erbe gab...
Und nur der Tod des andern Reinen
hob uns die Last des Fluches ab...

…auf der Wacht!

Ich halte Wacht auf meinen Zinnen,
denn meine Burg steht in der Nacht.
Ich spähe mit geweckten Sinnen,
und mit mir halten viele Wacht…

Das Dunkel droht uns zu verschlingen;
der Feind sieht uns als Schattenriss –
wir hören zwar die Hörner klingen,
doch sind die Waffen ungewiss…

Gar scharfe Wacht ist jetzt vonnöten,
auf dass wir wahren unsre Burg;
er ist gekommen, das zu töten,
was ihm gehört, dem Demiurg…

Darum die Wacht auf unsern Zinnen;
wer weiß schon welche List er sinnt?
Die Nornen, die an Kunkeln spinnen
verraten nicht, was jede spinnt!

Wir halten Wache bis zum Tage,
denn Licht erkennt den schlimmen Feind;
sieht erst die Sonne unsre Lage,
dann sind wir mit dem Licht vereint…

Dann mag er kommen: - harter Stein,
auf den wir bauten unser Schloss,
der wird dem Feind zum Stolpern sein,
uns hütet er mit Mann und Tross…

Sobald das Licht das Dunkel schlägt,
ist unsre Burg auch unser Schutz –
Wir sehn, was er für Waffen trägt
zu seinem Schaden – unserm Nutz.

Nun kämpft das Licht für unsern Zweck;
wir müssen nur noch tapfer sein...
Das Helle jagt das Dunkle weg –
wir lassen den Erlöser ein...

Heidesehnsucht

Es rief mich oft in Einsamkeit
die Heide – und sie bot mir Glück!
Könnt ich nur zur Vergangenheit,
zu meiner Heide kehrn zurück...

Ihr herber Duft im Kiefernforst
und ihre Weite – klar und rein;
da hat die Heide ihren Horst,
da lädt sie immerzu mich ein...

Die Luft – ein blaugewirktes Zelt
hoch über Sand und Torf gebaut –
Die Heide ist die ganze Welt,
wenn sie ein Liebender beschaut!

Und wo ein Fluss sie noch durchquert
mit einer Mühle Doppelrad:
das einmal sich dem Winde wehrt –
und gleicherzeit dem Wasserbad...

Vom Heidedorf der Mittagsschall;
Ein Hund der in die Ferne bellt...
Die Glocke und ihr Widerhall...
Ein Fisch der aus dem Teiche schnellt...

Der Ginster, wenn er gelb erblüht
und sich ins Besenreis verliebt;
die Esche, die sich redlich müht,
damit sie rote Trauben gibt...

…oh, meine Heide – Vogelsang
und Birken und Wacholderholz,
die bieten meinen Ohren Klang
und meinem Herzen stillen Stolz –

…und will sie auch der falsche Wirt
vergraulen mir mit Schwarzwaldlob –
vielleicht hat dieser sich geirrt?
als ich die Heide mir erhob?!

Horizont der Zeit

Am Horizont der Zeit, da zieht's herauf –
und zieht herauf als wär' es stets gewesen...
Was es auch ist: noch kann man es nicht lesen,
doch lenkt's die Welt zu neuem, irrem Lauf!

Es schwimmt um uns mit lichtverhülltem Sinn
und füllt mit Leere unsre Lebensräume –
ins Unerfüllte lenkt es unsre Träume
und unser Sein zum fremden Dunkel hin...

Im wirren Fall der Zeiten seh ich's winken –
doch zu den Sternen lenk i c h meinen Schritt!
Ich ziehe nur mit m e i n e n Träumen mit –
und lasse mich in Paradiese sinken!

Das neue Zeitalter

Im wilden Stürmen, hellem Branden,
muss nun die alte voller Schanden
gestehn, dass jetzt die neue gilt;
die Zeit, die aus den Herzen quillt…

Es ist das Neue unsres Betens,
befreit vom Fluch des Übertretens,
das vormals uns das Reine nahm,
das nunmehr auf die Erde kam…

Aus allen Sternen gleißen Blitze,
und aus der Liebessonne Hitze
sehn wir, wer uns das Neue schuf:
in allen Landen tönt sein Ruf!

Uralt der Same des Verkündens;
heut kommt der Sang des Überwindens,
der blutgetränkt die Erde mied –
und ahnungsvoll der Tag erglüht…

Heut – wer der Brandung Wogen lauscht,
der hat den Glauben eingetauscht
zum Wissen, das aus Liebe blüht,
da er den Leuchtturm strahlen sieht!

Wartesaal ins Dunkel...

Im Abflugsaal der neuen Zeiten,
da hängen manche Angebote;
sie tragen die besondre Note,
des Fluges in die Dunkelheiten...

Tagtäglich wechseln sie die Preise
und zahllos andre Qualitäten;
und ein Ondit sagt, wen sie bäten,
für den begännen Sonderreisen...

Die Menschen, die im Saale warten
sind rastlos und ersteigen heiter
prospektbetört die Aero-Leiter –
und nun kann die Maschine starten....

Es wird ein Flug der Hindernisse,
denn wer wird schon die Routen kennen?
Noch weiß auch niemand, dass sie brennen –
bei diesem Flug ins Ungewisse...

Es heißt: Verträge sein geschlossen
und viele Reisen schon zubuche –
auch wenn so mancher nun verfluche,
dass er das Dunkel je genossen...

Nur wer von all den Passagieren
den Saal betritt im schieren Glauben,
den leitet man zu hellen Lauben,
die Gottes Stewardessen führen!

Feuerträger

Wer in den Händen trägt die Flamme,
die seinem Herzen heiß entbrannt;
wer seine Liebe macht zum Damme,
der selbst vor stärksten Wassern stand:
Ich weiß, dass den die Götter senden,
mit Segen ohne Maß in Händen...

Ist er bedroht auch von den Welten;
er trägt die Flamme unbewegt –
Er betet unter Sternenzelten,
weil er das Feuer bei sich trägt:
Die Lohe hält er in den Händen,
weil ihn die Götter zu uns senden!

Er weiß, dass Sie ihn auserwählten,
die seinen Lebensweg gekannt,
Sie warn's, die seine Hände stählten,
dass ihn die Flamme nicht verbrannt...
Er ist's, der unser Leben hellt,
denn Er ist unser Licht der Welt!

Soll und Haben

Steht der Tag in deiner Schuld?
Oder schuldest du den Stunden?
Gottes Liebe und Geduld
lässt den Sünder selbst gesunden...

So sprach schwer die Mitternacht
als sie hintrat an mein Lager:
Armer Sünder, so gib acht –
sei auf Dauer kein Versager!

Böses habe stets im Soll;
Liebe sei bei dir im Haben,
denn bist du der Liebe voll,
schenkt dir Gott die andern Gaben...

Es wird Winter, doch er bleibt nie !!!

Soweit ich sehe: frostig Land;
der Tod scheint hier nicht unbekannt!
Und Winterbäume kahlgefegt,
bis zu den Wipfeln schneebelegt…

Auch alles voll von tiefstem Weh;
gefroren schimmert tot der See –
Ein Abschiedsblick in dem Gesicht
der Menschen zeigt: „es fehlt das Licht!"

Es schweigt der Wald; die Tiere - tot?
Ich schau ins düstre Abendrot…
Es scheint als ob ein Zeichen steh
auf noch mehr Frost und noch mehr Schnee!

Es ist zwar aller Christen Zeit
und Hoffnung breitet Schwingen weit,
doch glaubet nicht, es sei vorbei:
es klingt noch nirgends die Schalmei…

Doch nach dem Christfest bricht es an:
Gebrochen ist der Dunkelbann,
denn stetig steigt der Sonnenball –
es ruft einst gar die Nachtigall…

Es steigt das Licht zu jeder Stund
des morgens eher aus dem Schlund
der Dunkelheit – der Frühling bricht
aufs neue aus zum Sommerlicht!

Die Nornen weben

Hörst du die Nornen weben
über dem Firmament?
nächtens – an jedem Leben,
das nicht von Gott getrennt...?

Unsichtbar, zart und leise
durch ihren Sphärenwind,
weben sie deine Weise,
liebliches Gotteskind...

Weben an deinem Sange,
den du dem Höchsten bringst,
und dass mit jedem Klange
du dir dein Leben singst...

Herrliche Melodien
dringen aus deiner Brust!
Denke – sie sind geliehen
dir durch der Nornen Lust...

Licht und Wärme

Das hohe Wort des Anfangs, gottgegeben –
es gilt noch immer: Also werde Licht!
Es ist das Wort, das immerzu verspricht,
dass Finsternis geboren wird zum Leben …

Das heiße Licht der Sonne, die uns wärmt,
ist das Geringste noch in Gottes Streben,
und doch – es spendet unablässig Leben,
von allem Samen, der einst ausgeschwärmt!

Und scheint der Sonne Licht uns ungeheuer,
wie heiß muss deren Schöpfer erst sich zeigen?
Ich muss auf Erden hin zu ihm mich neigen!
Dann bin durch Weisheits-Licht ich Liebes-Feuer…

vice versa

Weisheit bleibt dem Unverstand
nur ein Formen von Gedanken –
doch im Erden-Vaterland,
ziehn sich dem Erkennen Schranken...

Weisheit – ja du bist das Licht,
welches ständig dringt ins Ferne. -
Wärme, die aus Liebe bricht,
ist die Feuerwelt der Sterne...

Weisheit hellt sich alle Fernen;
Liebe macht die Räume warm –
und sie wandelt Licht aus Sternen
um in ihrem Mutterarm...

Der Leuchtturm

Vom Westen jagt der Jännersturm
der Länge nach durch den Kanal…
Umbrandet steht ein Lichterturm
auf einem Eiland, viel zu schmal…
In eines fernen Schiffes Takelage,
da braust und orgelt sich der Sturm in Rage…

Pechschwarze Böen: kalt und nass,
die jagt er pfeifend vor sich her;
er glaubt an seine Kraft, und dass
ein Schiff für ihn kein Gegner wär:
Hoch auf des Leuchtturms felsenfestem Sitze,
sieht unbeirrt durch Sturm man Lichterblitze….

Es bringt der Sturm, es bringt die Nacht
das Finstre um des Leuchtturms Licht –
Der Turm steht fest, der Turm hält Wacht!
…und keine Sturmboe, die ihn bricht:
Doch trotz des Wetters weist das Licht den Hafen
für alle, die sich auf den Meeren trafen…

Für jeden steht in dieser Welt
ein Leuchtturm, der ihn sicher führt…
Ein Schiff, das seine Strasse hält
wird vom Orkan vielleicht berührt:
Doch wird des Leuchtturms Lichterstrahl beizeiten
die Mannschaft und das Schiff zum Hafen leiten…

Die vier Elemente

Der **Wind** weht von allen Seiten
und treibt uns wohin er will;
er treibt uns zu allen Zeiten
und immerzu ohn' ein Ziel…

Wir Menschen sind Vagabunden;
die Strassen, sie führen ins Nichts…
Nicht viele haben gefunden
das feste Geleite des Lichts…

Die Winde, die ziellos uns treiben –
gerichtet - sind sie voll Macht!
Der Stein, den zum Sande sie reiben
wird heute vom Meere bewacht.

Am **Wasser**, da kann man's ermessen:
es rieselt – wie's Leben – bergab…
Ganz unten: das grosse Vergessen
begleitet den Menschen ins Grab.

Die **Erde** hat Starre zueigen;
und wer ihr gehört ist wie blind…
Denn Irdisches kann uns nicht zeigen,
was himmlische Wege sind…

Der Wind weht aus vielen Ecken:
ist luftig und leicht – und treibt an…
So lasst uns im Winde entdecken,
dass er uns auch antreiben kann!

So zünde den geistigen Funken,
aufdass ihn der Wind uns entfacht!
Zwar sind wir oftmals gesunken –
jetzt werden wir geistige Macht!

Wird einst dann das **Feuer** zur Flamme,
und brennt unser Sein lichterloh,
dann wird uns der Wind zu DER Amme
der himmlischen Milch – irgendwo…!

Ostermut

Mit flauschig-grünen Knospenschuh'n,
da kommt der Frühling heut;
er hat die Zeit nicht auszuruhn
beim Osterglock-Geläut...

Die Triebe schießen Schuss um Schuss,
und lenzlich reiner Duft
begleitet sie – ein jeder muss
raus in die Frühlingsluft!

Ist nur der alte Apfelbaum –
der sträubt sich, dass es knarrt...
Er weiß, er soll – doch kann er kaum...
vom Winter noch erstarrt...

Auf! schüttelt ab die Winterruh,
den eisigkalten Traum...
Mein Herz, so wag es mutig du,
und sei kein Apfelbaum...!

Der erste Frühling

Was keines Menschen Auge je gesehn
und keines Menschen Ohren je vernommen,
das war an einem Schöpfungstag geschehn,
an dem das erste Leben aufgekommen...
Es war ein Schöpfungstag im frühen Lenz –
im Sonnenlicht von goldner Transparenz...

Es war ein Tag im vollen Übermaß;
aus einer Schöpferlaune jäh erkoren...
und Farben sprühten Blüten – selbst das Gras
war in den großen Rhythmus eingeboren.
Und weil die Welt ein Paradies gewesen,
bot sie am Anfang uns noch ihr Genesen...

Das war die Zeit, die uns schon längst entflieht;
schon bald ward dieser Frühling uns genommen,
das Paradies, das niemand heut mehr sieht,
weil Erdgebundenheit es ließ entkommen...
Nur eines: jeder Lenz im neuen Jahr
lässt uns noch ahnen, wie es einmal war...

...ave verum!

Nun – endlich pocht der Frühling an das Tor...
Ein einzig Jubilieren allerorten
dringt lebenkündend an mein waches Ohr
und öffnet meiner Sehnsucht alle Pforten...

Ich lausche weit hinaus das Tal entlang...
Die ersten Bienen hör ich zärtlich summen –
es ist der vollerblühte Blumenhang,
bei dessen Pracht die Herzen uns verstummen...

Es ist die tiefe Sehnsucht, die erwacht
am Waldessaum, an allen Knospenhagen,
wenn Gottes Schöpfungswunder wieder lacht
in jedem Jahr – an neuen Frühlingstagen...

Dies sind die Tage ohne jedes Maß,
aus lichter Schöpfungswonne aufgebrochen...
Es sprießt und schießt in lauer Luft – im Gras,
wo tausend Käfer kommen angekrochen....

Es sind die Tage, da man Hoffnung fasst –
und da man weiß, so ist es einst gewesen...
Es waren Tage ohne Erdenlast
in reiner Luft, in der wir ganz genesen.

Ja, diese Tage sind schon lange her:
Sie wurden uns für unsre Zeit genommen!
Es sind die Tage, wie hier keine mehr
den Menschen werden jemals unterkommen...

Die tiefe Sehnsucht, die mein Herz gewinnt,
sie hat den Ursprung noch in jenen Zeiten…
Und mit den Jahren, da die Zeit verrinnt,
versuch ich neu den Lenz mir zu bereiten…

Und jeder Lenz in jedem neuen Jahr,
er zeigt mir, was wir alle einst verloren;
er zeigt mir, wie die Frühlingszeit einst war
als wir noch alle waren gottgeboren…

…drüber hinaus!

Ach, könnt ich mich halten
in meinem ganzen Stolz –
aus meinen Herzensspalten,
da wuchert wildes Holz…

Aus Widerspruch geboren,
wachs ich nie am Spalier;
ich wuchere verloren
aus jedem Spalt herfür…

Bei mir, da gilt kein Ziehen;
bescheiden gibt es nicht!
Mich bringt man nicht zum Blühen;
ich such mir selber Licht!

Und wenn ich erst mal sprieße
im Garten, hinterm Haus,
dann seht ihr, wie ich schieße
weit übers Dach hinaus…

…leider!

Himmel – du bist ausgegossen;
Schimmer voller Frühlingsglanz…
Gräserteppich, dir entsprossen
Blumen reich im Sonnentanz…

Alles ist zugast beim Glück!
Welt, du bist mit dir im Frieden…
Frühling – du bringst Stück für Stück,
was der Himmel uns beschieden…

Rings will Lust sich überbieten
ob der reichen Knospenlast,
und die Immen in den Blüten
wiegen sich im Sonnenglast...

Ach, du bist ein schöner Lenz –
bliebest du doch eins im andern,
doch des Sommers Residenz,
heißt zum Herbst dich weiterwandern…

Kaltes Licht

Ich lehne mich hinaus weit übers Gitter
und warte still auf dich, du bleicher Mond,
Ganz in der Ferne flammt ein Lenzgewitter;
gleich über mir des Bergfrieds Zinne thront...

Zerschmolzen in des Firmamentes Weite
verschwimmen Wolken und des Sees Rand...
Weit drüben, an des düstern Berges Seite
erhellt sich, wie ein Blitz, ein Lichterband...

Gleich neben mir, da recken sich der Linden
noch kaum begrünte Äste in das All –
mein Auge sucht im Dunkel nur zu finden
ein Licht in diesem schwarzen , weiten Saal...

Die Feuerkäfer seh ich glimmend steigen
als einzig Helles überm finstern See;
und während sich die Frühlingszweige neigen,
fällt manche Blüte in den letzten Schnee...

Es wollen Bilder meinem Sinn entweichen;
gar herbe Bilder der Vergangenheit...
Zwei schattenhafte Wasservögel streichen
vorüber in die nächtge Ewigkeit...

Das Dunkel steigt, die Nebel werden dichter:
wo bist du Licht? ich suche deinen Schein...
Wohin ich sehe: Schatten und Gelichter –
lässt du mich, wenn ich brauche dich, allein?

Ach Mond! ich wählte dich zum Licht alleine
und deine blassen Strahlen noch dazu.
Doch weiß ich's Mond: im Sonnenwiderscheine,
nur ihre Strahlen nächtens spendest du!

Zwar sinken auf die Wellen Silberflore,
und lichtvoll steigst du scheinbar in den Raum,
doch ich steh schattig auf der Burgempore
und meine Augen sehn das Wasser kaum…

Ja, du bist, Mond, der Jugend Angebinde,
in deinem Schein, da schluchzt die Nachtigall,
jedoch sind mir, wenn ich mein Licht nicht finde
dein Strahlen und mein Leben nurmehr schal…

Ich gebe zu, wir waren einst Gefährten;
ich schrieb bei dir manch herrliches Gedicht!
…doch sinds des Alters Jahre, die mich lehrten:
du bist ein mildes, doch kein Eigenlicht!

Nun seh ich mählich durch den Dämmer heben
die Sonne sich, mit ihrem goldnen Glanz…
Waswunder, dass die Lippen mir erbeben –
jetzt endlich hellt das Firmament sich ganz…

O Licht der Lichter – gleich ist alles bunter;
des Mondes Licht dem Schatten nur gebeut…
Die ersten Vögel sind, gleich mir, nun munter
und alles dunkle Fühlen ist zerstreut…

Ich sehe Licht – ich seh die Welt erstrahlen;
ja, göttlich bist du Sonne als Symbol…
Die Wärme weht sie fort, die letzten fahlen
und düstern Nebel – alles fühlt sich wohl…

Es sagt's die Schrift in der Propheten Namen:
ich muss ES suchen, das ist meine Pflicht!
Und gibt der Himmel segnend mir sein Amen,
so gibt mir Gott das Auge und das Licht!

Walther von der Vogelweide

Du Ton, der sang von süßer, frischer Minne…
Wer singt von dir? Wer kennt dich überhaupt?
Soweit als ich poetisch mich besinne
ist deiner Dichtung Kranz schon längst entlaubt!

Moderner Mund kann sich dem Lied nicht fügen,
das du einst sangst mit süßer Melodei –
wer schwebt mit dir auf deinen Zauberflügeln?
Wer singt es noch – dein Minnetandradei…?

Ganz allgemein: aus Minne wahre Liebe,
und aus der Agape gebar sich Eros leicht;
es sind der Minne unheilvolle Diebe,
von denen keiner dir das Wasser reicht!

Du fasstest, was an edlem, reichem Schimmer
die Minne war – du schufst den süßen Klang…
Doch heutzutage schlägt die Leier nimmer
ein Sänger, der - wie du - die Minne sang!

Poeta laureatus – lass mich reichen
den Lorbeerkranz dir, den du nie bekamst!
Die andern Minnesänger will ich streichen,
weil du als einziger auch Eros nahmst!

Ehre, wem Ehre gebührt...

Silbern ruht des Mondes Glanz
auf der dunklen Erde,
und es scheint, dass alles ganz
licht nun in uns werde...

Trifft sein Licht den Wiesenrain,
wirft der Wald den Schatten,
und es fällt sein heller Schein
über dunkle Matten...

Ganz versunken am Gefäll
komme ich ins Sinnen...
Mond – du heller Nachtgesell,
schwimmst du schon von hinnen?

Warte noch, so dir beliebt's –
nur um klarzuwerden...
Wenn ichs recht bedenke gibt's
andres Licht auf Erden?

Einer froh - und der betrübt
stehn in deinem Scheine;
jener ist noch jung verliebt,
der ertränkt's im Weine...

Alle doch sind in der Nacht,
selbsten die Poeten;
auch der Nachwuchs wird gemacht
während andre beten...

Sei's, wie's sei: man sieht die Welt
nachts in DEINER Helle…
Schade, dass dein Licht nicht hält,
denn es schwindet schnelle…

Nun, das macht, dass du im Strahl
wirfst die Sonne wider,
und so sing' ich allzumal
dieser meine Lieder!

Sonne lacht am lichten Tag:
Spenderin des Lebens!
Auch, wenn ich das Mondlicht mag –
Ruhm? Das wär vergebens!

Du bist nur ein Widerschein;
Sonne schenkt das Strahlen!
Ihr verdankst du doch dein Sein –
…ohne zu bezahlen.

Ich gebrauche dich ganz gern
für Romantik-Nächte,
doch es lag mir völlig fern,
dass ich dich bedächte

mit dem Lichter – Lorbeerkranz;
du bist nur Candelle…
Sonne schenkt das Ihre ganz
aus der echten Quelle!

Licht, das an der Kerze brennt,
muss man erst entzünden –
wer des Mondes Strahlen kennt,
muss das Licht ergründen!

Sommerabend am Bodensee

Die Ampel leuchtet mondgleich in der Nische,
die Glasgestalt der Fenster bricht das Licht,
und Oleander biegt sich auf dem Tische;
der Sommerwind weht, das hat kein Gewicht.

…und aus den Hecken tritt ein süßer Duft,
dieweil die Wolken ziehen in die Ferne;
das Gras genießt das Streicheln samtner Luft,
und Licht um Licht erscheinen sie – die Sterne…

…allmählich fällt ein sanfter, warmer Regen,
entlockt den Blättern raschelnd tausend Fragen –
Ich lausche still dem Abschluss von den Tagen,
die um der Schönheit lang mein Herz bewegen…

Das Tal ist ganz erfüllt vom Duft der Früchte,
der trotz des Tropfens mich daheim gefunden:
Der Apfelmost wird, sagen die Gerüchte,
in diesem Jahre, ganz besonders munden…

Finis coronat opus

(Das Ende krönt das Werk / Ovid)

Der Frühling hatte uns verkündet:
der Lenz kommt mit dem Märzenduft!
Und unsre Herzen war'n verbündet
mit sonnenwarmer Wälderluft…

Da brach mit schnellem Sturmgebrause
der Winter schneegepeitscht ins Land –
und alle Hoffnung, die zuhause
geglommen - ist nun ausgebrannt…

Ach, alles ist vom Sturm zerrissen,
der heulend durch die Wälder bricht –
in uns erwächst ein schmerzlich Wissen
vom langen Warten auf das Licht –

Ja! wenn es nur das Warten wäre!
Denn einmal trifft der Frühling ein…
doch festigt sich die Sonnenleere
und nistet sich ins Herze mein…

Nur ab und an durchs wüste Treiben,
da leuchten in den Häusern hell
die Lichter durch die Fensterscheiben
und dringen durch das Schneegefäll…

Dann stärken uns die Lichterstrahle
zum Hoffen auf die Frühlingszeit –
Mein Herz, es wird mit einem Male
erwartungsvoll und glaubensweit –

So lasst den Winter ruhig drohen;
der Frühling fegt schon übers Land...
Der Winter schmeißt die letzten rohen
Geschosse aus der starren Hand...

Von nun an geht die Morgensonne
mit jedem Tage früher auf .-
Es folgt mein Herz in eitel Wonne
dem lenzbedingten Sonnenlauf...

Jetzt sitzen nur noch ohne Hoffen
am Ofen, die im Glauben schwach –
Für uns ist schon der Himmel offen,
denn unsre Herzen sind schon wach!

Sag mir, wo der Pfeffer wächst…?

Wenn Winter uns verlassen will,
so weckt das stets ein Hochgefühl –
es ist, weil nach der langen Nacht
uns frühlingshaft die Sonne lacht.

Das alte Herz schlägt wieder rund,
und über Nacht ist man gesund,
und Sonnenstrahlen, warm und rein,
verjagen jedes Zipperlein…

Und mancher Bauer sinnend steht
und überdenkt, wie's weitergeht,
denn bald steht schon am Wiesenrand
die erste Ernte ihm ins Land.

Das Heu will bald geborgen sein,
und letzten Schnitt verlangt der Wein…
Ist knospenreich der Obstbaum-Ast?
Wie steh'n die Ferkel in der Mast?

Ja, wenn der Winter gehen muss,
dann ist auch mit der Ruhe Schluss!
Ob Hausbesitzer, Bauersmann:
jetzt kommen dann die Gärten dran…

Nur in der großen, weiten Stadt
sieht keiner, dass man Frühling hat…
So kommt aufs Land, ihr Leute, raus:
tobt euch in unsern Gärten aus!

Ja - Sommer, Herbst und Lenz muss sein,
und stellen die sich rechtens ein,
so sei der Winter doch verhext
und bleibe, wo der Pfeffer wächst!

Mich selber trifft der Eisesblitz
des Winters kaum – am Ofen sitz'
ich ja in der Gemütlichkeit,
wenn draußen alles friert und schneit…

Doch die gesamte Lebenswelt
ist hungrig in den Frost gestellt!
Drum hier nochmals im Schluss vom Text:
er bleibe, wo der Pfeffer wächst!

Solis sacerdotibus

(übers.: Nur für Eingeweihte)

Ach! des Sturmes; ach, des Winters…!
Draußen hört es nimmer auf!
Läuft das Jahr denn plötzlich hinters?
Das ist nicht normaler Lauf!

Schnee, der in den Nord gehörte,
der bedrängt uns immer noch!
und, weil ihn der Frühling störte,
blasen ihn die Stürme hoch…

Anderswo sind Märzenveilchen
längst schon im Begriff zu blühn –
hier? da dauerts noch ein Weilchen
ihm die Schneehaut abzuziehn…

Ach, wer dort doch leben könnte,
wo die warme Sonne lacht,
wo die Wärme uns verwöhnte,
wo der Lenz den Sommer macht…

In der Südsee wollt ich wohnen,
dort - im Sonnenparadies…
Ach, ein Leben dort würd lohnen –
wenn mich nur der Herrgott ließ…

Hei! wie hätte ich da Freude;
Jauchzen ohne Unterlass…
kämen mir doch alle beide:
Licht und Wärme gut zupass.

Nackt würd' ich im Sande wohnen;
über mir das Sternenzelt –
Aber halt! kann sich das lohnen?
hier, in dieser Prüfungswelt?

Nachgedacht! und ein Bedenken
wäscht mir alle Sehnsucht fort:
denen, welche Sterne lenken,
bin ich recht am Winterort!

Nur der Mensch, der durch das Kalte
sich zur Wärme hingesellt,
kommt dazu, dass ihn erhalte,
der ihn zeugt in diese Welt!

Drum vergess' ich jetzt die Sonne,
die für mich noch ferne liegt;
Diogenes saß in der Tonne
und war ständig still vergnügt...

Bleib ich in der Heide wohnen,
die zurzeit noch schneebedeckt;
einmal auch für mich wird's lohnen,
wenn der Lenz erst aufgeweckt!

Dann ist alles sonnenhelle;
Winterheide strahlt im Glanz
einer göttlich-warmen Welle,
in des Lichtes Frühlingstanz...

Der verlorene Sohn…

Noch im Lenze meines Lebens
zog ich aus dem Vaterhaus;
alle Liebe war vergebens,
denn ich wollte hoch hinaus…

Meine Habe, meine Erben
nahm ich gierig und mit Sinn;
Rast und Ruh dünkt mich Verderben –
und so zog ich froh dahin…

Nahm den Pilgerstab im Hoffen
und zog in die Welt hinein;
alle Wege standen offen:
Lebenslust und goldner Wein…

Fände ich die goldnen Pforten,
warten Edelsteine dann…
Schätze dacht ich nicht zu horten,
doch es zog mich magisch an…

Dachte mir, noch vorm Betreten,
schon der Himmel sei jetzt mein;
und ein trotziges Erbeten
werde mir schon Helfer sein…

Alles Irdische würd drinnen
zu dem Magischen gewandt,
und ich zög mit offnen Sinnen
in ein irdisch Heimatland…

Also schritt ich durch die Welten
ohne Rast und immer froh…
Ungemach ließ ich nicht gelten;
ich verweilte nirgendwo…

Tage flossen – mancher Morgen
sah mich in der Jungfern Schoß,
doch der Schatz blieb mir verborgen:
hatt ich's – fiel die Tür ins Schloss!

Steine hemmten meine Wege,
Berge lagen mir vorm Fuß –
vielemale baut ich Stege,
manche Brücke übern Fluss…

So vergingen viele Jahre…
Welt – sie trieb mit mir ihr Spiel!
Bis ich einestags erfahre:
ich erreich es nie, das Ziel!

Da begann ich einzusehen…
zögerte – dann kehrte ich.
Endlich half mein heißes Flehen;
Heimat! jetzt erkenn ich dich…

Abgemattet – ohne Säfte
kam ich heim zum Vaterhaus…
Welt – sie nahm mir alle Kräfte,
liefert mich dem Tode aus…

Alles, was ich mitgenommen
war verprasst und war vertan –
meine Seele war verkommen...
Lieber Gott, was fang ich an?

Aber sieh – der treue Alte,
der für mich der Vater ist,
den ich fest im Arm nun halte –
innig hat er mich geküsst!

Sehet nur! mein Sohn – im Sterben
lag er, und da ist er jetzt!
Freut euch mit mir, denn zum Erben
ist er wieder eingesetzt!

Jauchzet Himmel! – Freut euch alle!
Er war tot und nun – Er lebt!
Die Posaune laut erschalle,
dass sie in den Himmeln bebt....

Ich – der Vater – weine Tränen,
und die Liebe ist mein Lohn...
Niemand sollte auch nur wähnen,
dass dies ein verlorner Sohn!

Jeder, der den guten Willen
mit sich bringt – und sei er matt,
wird bei MIR in allen Füllen
Immer sein – und ewig satt!

Chartres

Juni 1991

Von einem starken Willen hingelenkt,
verirrt mein Lächeln sich zur Kathedrale –
dann fühle zärtlich ich mit einem Male,
wie kostbar doch das Maß des Meisters denkt.

Ich seh' den Lichtstrahl auf der Sonnenuhr,
der unentwegt bewegt sich durch die Stunden;
der Zahn der Zeit schlug dieser Uhr schon Wunden:
der Engel lacht mit bröckelnder Figur…

Und sind nicht alle Stunden reif und reich?
Stehn Raum und Zeit im tiefen Gleichgewichte,
ist weder Gut noch Böse, noch Gerichte…
denn jedes Tun – vor Gottes Geist ist gleich!

Sol invictus

Holdes Mondlicht! Stilles Leuchten!
Wunderbares Zauberbild!
Deine Träume, die mich deuchten
sänftiglich und zart und mild,

weckten in mir tiefes Sehnen
nach dem strahlend hellen Schein,
den ich kann in dir nur wähnen,
denn der muss ganz anders sein…

Bist du doch in deinem Lichte
nur der Einen Widerschein;
Sonne muss mit ihrer Dichte
meine echte Helle sein!

Mond – in deinem Zauberglanze
wirkst du jener Mächte Kleid,
die sich dir im Elfentanze
wiegen zur Unwirklichkeit…

Mondeslichte in den Nächten
bergen einen dunklen Ton…
Fliegt mit unsren Herzensmächten
ins Unendliche davon…

Doch welch eine Geistesgabe
ist der Sonne lichtes Gold!
Ihre Wärme ist uns Labe –
und ihr Strahlen unser Sold!

Sold, mit dem wir unser Leben
führen hin zu jenem Licht,
welches uns am Monde eben
mangels eigenem gebricht…!

Sol invictus – unsre Sonne…
wie sie lacht am Freudentag!
Ach! ich bade voller Wonne
in dem Lichte, weil ich's mag…

Can – Stein

Canstein, Spätsommer 93

Um den Wasserzufluss Hecken,
grüner, dunkler Buchenschatten.
Sonnenlicht liegt über Matten,
drüber sich Ruinen strecken.

Oben – über Säulengängen,
da die Rosenbüsche hängen,
höre ich die Abendlieder
und vom Felsenrund tönt's wider.

Feste, alte Felsenstiegen
steigen über tausend Jahre,
seit die Burgentrümmer liegen
klang auch nicht mehr die Fanfare…

Über die Gedanken schreiten
meine Vorfahr'n – Edelleute:
uralte Vergangenheiten,
trage ich seitdem bis heute…

Herbstlich scheint der Park zu trauern
als ich zu dem Schlosse blicke,
dies' barocke Hände mauern –
alt ist nur der Turm, der„ Dicke"…

Heute – die Chronisten sagen,
dass die Grafen nicht verschwunden.
Helle Mondnacht hört sie jagen,
an den Geistereid gebunden…

Sehnsucht nach…

Der satte Regen zärtlich nehmender Gärten
fließt, rinnt – fällt zeitlos…
auf braune, überholte Blätter
trommelt er - und
ein letzter Schneefleck versucht
sich zu erhalten…

Abend zwischen Tag und Traum.

Schon noch hell – nicht schon dunkel –

Eigentlich eine Zeit, die keine ist,
denn jede kleine Regenrinne
ist ihr eigener Acheron…
…nur die Insekten, die schon
vorgetastet hatten, gleiten
über den Styx – und wissen es nicht.

Die Wärme zeigt, dass noch Winter ist,
denn die Sommer sind heute kälter –

Jetzt täte mir eine verbrannte Bourgogne not,
wie im letzten August.
Mit: Wärme, Wein, Walnüssen – und les Nuits des St. Georges
wackligen Dörfern.

Zaubernacht mit Märchenflügeln

Gewinnt die Herde heimwärts trabend
den Nachtplatz unter Dach und Trauf,
dann künden Glocken Feierabend
und Abendröte steigt herauf.

Gewölk zerfließt, die Luft im Scheine
des Vollmonds, der herniedersieht.
Und die Natur, die Aller - Eine,
ist's, welche Frieden an sich zieht.

Das Finstre ist so weltenferne
und Licht schießt tausendfach empor;
sind über uns nur gute Sterne,
singt unsre Nachtigall mir vor.

Ich lieg, entsagend allem Wähnen,
in warmer Nacht verzaubert da.
Das Herz will sich in Liebe dehnen,
da es Verwunsch'nes liegen sah.

Den Ätherstrom ins All gegossen,
sog ich mit jedem Atemzug.
Hab ich ein Zauberreich genossen,
so ist mir dies im Traum genug…

Mein Herz wird still im Unscheinbaren
und alte Mären steigen auf;
ich möchte viel, ja mehr erfahren,
so holt mein Herz und führts hinauf…

Das sind des Herzens Aventüren:
sie führen dich zum Anderssein.
Ich ließe mich von Engeln führen,
wenn sie doch nur gedächten mein…

Unnamed – well known?

Der Tag fiel weiß herab und neblig – sturmbewegt.
Ich war an dem vergessnen Grab gewesen:
Der Stein vermoost, von Büschen wild umhegt;
verwittert schien's – kein Name mehr zu lesen…

Auch weiter trug der Tag am Nebel schwer!
Die Büsche weiß, die Gräber wild verlassen…
Die Einsamkeit des Nebels ringsumher
ließ Kreuze und die Engel ganz verblassen…

Uralter Tag – vergessnes Namens-Mal…
Lagst du im Frost … und einsam - Ungenannter?
Durch Buschgespenster weht's: Posaunenschall
erweckt ihn einst; er ist ein Gott-Bekannter…

All the unnamed are well known,
it all depends upon, where they are…

                                    (Shaw)

278

Primavera

Die letzten Wintertage seh ich schauern,
denn hurtig wächst das Land dem Lenz entgegen…
Der letzte Schnee im Garten scheint zu trauern,
weil ihn die warmen Winde fortbewegen.

Dort sehe ich das erste Primelblatt,
das an geschützter Stelle unterm Baume
den wärmsten Frühlingsplatz gefunden hat –
Nun stirbt der Rest vom letzten Weihnachtstraume.

Und in der Heide schaun die weißen Glöckchen
hoch durch den Schnee, der nur noch fladig hält;
Die Vögel in den roten Federröckchen
beweisen : Frühling wird's in meiner Welt.

Lenz – Gewitter

Die Adler fliehn vom See zum Horst
und dunkle Wolken ziehn von Westen;
es ringt und schwankt der Kiefernforst;
die Zapfen fliegen von den Ästen.

Den Sand der Heide liebte ich,
als ich noch keine Sehnsucht kannte,
und Nebel, er bedrängte mich
bevor die Seele sich ermannte.

Doch nun vom Himmel braust ein Ton
nur fast gedämpft von wilden Ästen;
umfassen mich die Ängste schon –
die Blitze zucken durch den Westen

Der Sturm, der Himmel reißt am Forst;
ich suche ohne Angst zu bleiben –
wo doch der Adler flieht zum Horst
um zu entkommen diesem Treiben.

Ich liege unterm Hünenstein,
im Schutze einer Junipere –
Jetzt ist die Heide sehr allein;
wenn ich doch erst zuhause wäre…

Fremde Mächte

Hörst du das Raunen
der fremden Gewalt?
Mein Lied macht drinnen
im Herzen Halt...

Winde und Wellen:
stumm wird mein Mund,
wo Lieder sonst quellen,
versiegt, ohne Grund...

Mond in den Zweigen
spielte im Baum;
Wege – sie zeigen
der Schatten Saum.

Hörst du sie rinnen?
fremde Gewalt?
Immer noch drinnen,
mein Herz wird kalt...

Ich möchte singen!
heiß war mein Lied;
Gewalt ließ verklingen,
was sie nicht zieht...

Bindungen

Irgendwo hat auch deine Seele
ein Grab, über dem sie weint,
in der Erinnerung...
Irgendwo auch lebt ein Freund noch,
der an dich denkt,
den du nicht mehr siehst,
den du vergessen...?

Irgendwo ist ein Herz,
das über dich sinnt im Schmerz
der Wehmut –
von irgendwo mag eine Seele
sich liebend lösen,
dich zu umfassen –
und kann es nicht,
weil sie unaufhaltsam entgleitet...
...denn du bist beschäftigt,
mit der Welt,
mit dem Deinen,
mit – dir...

Lenzhoffen im „ Hohen Schwarzwald"

Ganz plötzlich ist nun alles grün im Wald,
als ob man näher an ihn rangekommen…
Wenn nun kein Frost klirrt, dies sei unbenommen,
wird Vogelsingen sein, das widerhallt…

Mir scheint das Bunte als ein seltner Gruss,
erhört von dort, wo warme Winde wehen…
Es kommt aus andrem Land, doch werden muss,
dass wir das gleiche, wie in jenem sehen.

Das ungewisse Licht in diesen Tagen,
lässt manche Farben noch recht fahl erscheinen,
doch hören wir, was uns die Vögel sagen:
Bald soll die Sonne mit dem Lenz sich einen…

Mein Herz schlägt

Mein Herz tickte endlos
seine tonlose Zeit…
Einestages riss ich die Zeitbinde
von meinen Augen:
den Isis-Schleier,
und ich sah erstmals das Licht:
fiat lux…
…und ich sah, dass Gott
für die Menschen nichts war
als eine Hieroglyphe.
Die Menschen verleumdeten den Tod
und stahlen der Sonne das Licht
auf ihren Grabwegen…
Nun tragen meine Lieder,
in der blauen Stunde,
der Sonne Wärme
und der Sterne Licht…
…und mein Herz tickt
endlos, tonlos, zeitlos – die Zeit hinweg.

Winterende

Kalt bricht der Wind das dürre Rohr,
er knickt die leeren Zweige der Weiden. –
Krähen fliegen verdrossen und kalt heimwärts.
Abend graut…

Ich sitze auf einem Steine am Strande:
einsam, alt…
Der Wind spielt mit meinem Haare,
er verkündet Schnee – immer noch.

Zwischen Abendwolken blicke ich
hinüber ins Westlicht;
rot und warm leuchtet ein schmaler Streif
herüber…
Goldenes Jenseits dahinter?
Selig? – Traum und Dichtung!

Dank den guten Zeiten;
Dank der Zuversicht!

Das Goldrot erlischt,
und ich wandere heimwärts,
langsam – am Röhricht entlang…
Eine Krähe schreit hungrig – oder wütend, oder beides?

Unvollkommen...

Ein Neigen nur der Hand, doch wie es weist:
ins Unbegrenzte, alles Strenge lichtet...
Der Mittelpunkt ist Er, doch alles kreist
um Seinen Willen, der stets aufgerichtet.

In den Gedanken hat Er Traumgestalten,
die alle werden, wenn Er es nur will –
Er braucht die Hände nicht: Gedanken halten
die Welt für Ihn, so weit Er möchte, still...

Und auch zu dir, Geprüfter, wird Er treten:
Ist deine Form ein angemessnes Haus?
Mit kleiner Geste, fast ist es ein Beten,
da wechselt Er dir deine Fehler aus...

Bitte

In steter Wiederkehr der Zeit
geht auch der heut'ge Tag zu Ende;
so nimm die Angst in Deine Hände
und ende meine Einsamkeit...

Und manchmal bin ich nicht mehr Dein,
dann ist ein Flämmchen meine Liebe,
von dem ich hoffte, dass es bliebe,
und kann selbst da nicht sicher sein...

Und ist der Tag selbst himmelblau
so wachsen ständig meine Fehle,
und auch das Dürsten meiner Seele
wird nicht gestillt durch Morgentau...

So sieh die Ängste und die Not
und schick die Engel zu mir Toren –
und lass mich hören mit den Ohren,
und Friede sei im Abendrot...

Die Künste

Es ist Natur, die heimlich zu uns spricht
und will erwecken uns zum Heiligtume…
Nur, wer nach oben blickt ins Geisteslicht,
dem öffnet sich die holde Zauberblume…

Und jeder reine, wohlgefärbte Klang
ist nur geschaffen, tief uns aufzubrechen;
es ist ein gottgewollter starker Drang,
in der Natur, dem Geiste zu entsprechen.

Es ist der nie versiegte Seelenquell
der mittelbaren Gottesoffenbarung,
denn nur auf diese Weise wird sie hell
und drängt sich in die Welten der Erfahrung!

Beim Menschen dient als Medium der Ton,
der sich als Wesen mischt in alles Streben;
er überbringt den wohlverdienten Lohn,
denn er vermag es Schwingen uns zu geben…

Auch dienen uns die Farben allzugern
und sind als Himmelsstrahlen uns gesendet;
und erst gedrungen in den harten Kern
der Seele – sind die Schmerzen abgewendet.

So sind die Künste uns hinzugesellt,
dass unsre Seele weiter sich entfaltet –
uns in den Wirren der unheil'gen Welt
das Chaos sich zum Kosmos hingestaltet…

Wenn wir in diesem Sinn das heil'ge Buch
aus der Natur und ihrem Geist enthüllen,
und dies in immerwährendem Versuch,
dann muss sich Sein Versprechen auch erfüllen.

So kommt auf diesem Wege all das Glück,
das jedes Wesen tief im Innern wittert;
drum schaue vorwärts, nimmermehr zurück –
in dieser Welt hast du genug gezittert!

Tempus – Fluvius est

(übers.: Die Zeit ist ein Fluss)

Wasserwirbelnd – Strom der Zeit.-
Ziehst du deine wilden Kreise?
Nimmst uns mit auf deiner Reise,
sagst uns niemals an: wie weit…!

Immerzu in Sturm und Drang,
kannst du nirgendwo verweilen -
niemals rasten, immer eilen:
rühren, rennen – Lebensgang…!

Bilde für die Menschlichkeit
dir auch scheinbar deine Grenze,
ist sie dir zum nächsten Lenze
wiederum Vergangenheit…

Räume, Licht, Vergänglichkeit:
finden sich einmal zusammen!
Lodern in der Liebe Flammen,
leben sie in Ewigkeit!

...neue Zeit – neue Zeit

Wenn die Lichter sich nun zeigen
um des Mondes Silberspangen
und die Sterne aufwärtssteigen,
da die Nachtigallen sangen.

Murmelnd mischen sich die Quellen
mit der Nachtigallen Töne,
und die hellen Silberwellen
glitzern in der nächtgen Schöne…

Alles singt in dieser Stunde,
fließt im Hauch die Hügel nieder;
warmer Wind, du bringst die Kunde
von der Süße letzter Lieder…

Und im Herzen klingen Weisen,
von des Sommers letzten Tagen;
Töne, die ins Bunte reisen:
Märchen werden sie   und Sagen…

Stiller Wald im Herbstbeginnen;
Silbermond und warme Nächte –
Hohe Burg mit dunklen Zinnen,
und der Rufer auf der Wächte.

Licht taucht in des Meeres Wellen,
und mein Blick schweift in die Weiten –
Röte quert die Wolkenschwellen
und verkündet Neue Zeiten!

Göttliche Bestimmung

Du hast in deinem Sein der Götter Macht.
Doch ist sie nicht geweckt noch, sondern still.
Doch wenn dein Schicksal einestags erwacht,
dann ist's, als ob es Welten ändern will.

Du bist noch längst nicht an dein Ziel gelangt -
Doch bist soweit, dich nicht mehr zu entziehn,
so ist dein Plan, der noch im Dunkel hangt,
schon in der Liebe Wollen weit gediehn.

Du wusstest, als du dir dein Ziel erkorst,
dass so dein Leben ward Ihm ganz geweiht,
denn alles was du aus dem Sein verlorst,
war Hindernis – war deine Eitelkeit…

Schatzsucher

Zu allen Zeiten suchte ich den Schatz
stets bei den Überflüssen, die mir nah –
Ich wusste irgendwann, dass nur Ersatz
sich dort befand, wohin ich immer sah.

Die vielen Wege, die ich ging, wie weit
entfernt die Welten die ich fand, verweht;
verschollen war ich in der Einsamkeit:
Ein Herz, das nur zu fremden Göttern geht...

Und meine Füße, die erfroren sind
vom Kältewandern, stolpern durch den Raum;
und immerfort stört mich das Wort im Wind:
Und ich fand nichts bis hoch zum Äthersaum...

Doch eineslebens fiel ich in die Welt –
betrat sie in verzweifeltem Allein,
der Fall, von dem ich keineswegs zerschellt,
ward gegenteilig: er schien neu zu sein.

Ich fiel in diese unbekannte Erde,
just wie ein Frühlingsregen niederfällt;
und von den Sternen, gleichsam eine Herde
der Sternenwesen, ist mir zugesellt...

Fahrendes Volk...

Ich raste dort, wo sie an Kesseln hocken,
im Qualm der Feuer und im Staub der Wagen.
Die müden Pferde sind nicht anzupflocken;
ich seh die Zelte, die ins Dunkel ragen...

Ich setze mich in tageswarmen Sand...
und irgendwo fällt klirrend eine Kette;
die Tiere sind schon alle ausgespannt
und suchen eine grasbedeckte Stätte...

Und niemand weiß: was wird am Morgen sein?
Ein Wächter rundet schattenhaft das Feuer...
Ich bin so müde, und ich nicke ein –
und doch... es ist mir nicht so recht geheuer!

Mein Kopf im Sand liegt unter einem Ast;
schier endlos dehnt sich rings der Wälder Stille –
Ich halte bei dem Volk nur kurze Rast;
zu bleiben ist mein Wesen nicht und Wille...

Ich bin als Gast hier sicherlich willkommen,
doch bleibe ich, ein Fremder, außen stehn.
Die Zugehörigkeit war schon genommen,
als man als Gast mich hatte kommen sehn...

So sind wir Gast, sind alle Gast der Erde -
ein fahrend Volk, die Menschen wissen nicht
von neuer Zeit, von einem neuen Werde,
fahrn immer fort und sehen nicht das Licht...!

Englische Hilfe

Ich ging in einer milden Nacht,
und mit mir nahm ich deinen Duft.
Ich wanderte gen Morgenwacht
durch Herbst und kühle Nebelluft.

Ich ging durch einen lichten Traum
im Walde, in den Berg hinein;
am Weg passiert ich Baum um Baum –
ich sah dich nicht, ich dachte dein...

Der Mond taucht auf mit gelbem Licht,
und taumelnd wandle ich – wie trunken;
ich seh' im Dunste dein Gesicht -
und wäre fast im Moor versunken...

Das zeigt mir: Liebe ist ein Meer,
in dessen Tiefen wir verloren
gewesen wär'n, wenn nicht ein Heer
von Engeln hätt uns auserkoren.

Per aspera ad astra

(übers.: Auf rauen Wegen zu den Sternen)

Aus Finsternissen dringen lichte Welten
der Himmlischen in unsre dunkle Zeit –
und wandern weihnachtlich von Sternenzelten
zu uns herab aus ihrer Ewigkeit.

Das Neue malen sie zu Wunderdingen
mit erster Eiskristalle Glitzerband,
und Engelchöre, die lebendig singen,
sie schweben lichtvoll übers stille Land…

Sie sind die Hände, die sich segnend falten,
die stetig spenden dem, der will und strebt!
Und mit den Händen, die uns liebend halten,
verbreiten sie das Licht, das wahrlich lebt!

Auch heuer spüren wir des Himmels Weben,
das uns erlöst von dieser Erde Soll,
und eines Tages führt uns in ein Leben,
das schwingt in Klang und Farben – lichtesvoll!

Erwarten wir des Himmels Licht und Wärme
in unserm Norden, der mit Eis und Frost
verjagt das Blühen und die Vogelschwärme;
erwarten wir das Neue Jahr getrost…

Es hat - trotz Zeitgeist - doch noch nichts verloren,
und uns entfaltet es den Zaubersinn;
wer hören will, dem klingen auch die Ohren,
denn Neujahrsglocken hallen – nur für ihn!

Dann sammeln sich alsbald des Himmels Heere:
…und Frieden denen, die da willens sind…
Und über uns des Schöpfers Sternenmeere,
und unter uns Sein eigner Sohn – das Kind!

Ein Neues Jahr beginnt die Schicksalskreise
und quert die Sphären unsrer Dunkelheit;
es führt uns sicher auf der Ätherreise
zu der Erlösung und zur – Ewigkeit!

Nächtliches Gewitter...

Ruhe waltet überm Dorf;
Nachtigallen sangen –
Letzte Glut verbrennt im Torf,
doch die Nacht – voll Bangen!

Düster droht die Wolkenbank –
da! ein Blitz, ein Gleißen...
als der Regen niedersank,
wolkendick verheißen.

Und in meine Einsamkeit
tönen Melodien,
dringen leis' durch Nacht und Zeit –
und die Wolken ziehen...

Blitze finden mich noch wach,
nur beim Kerzenschimmer –
Donner grollt, und Krach um Krach,
wird das Grauen schlimmer.

Ach, du warme Herbstesnacht,
im Vorübergehen
hast ein Wetter du gebracht
und des Sturmes Wehen...

Mahnend ruft die Mitternacht
oben von den Türmen -
jetzt, da alles Wetter kracht,
fängt es an zu stürmen...

Leiser wird es in der Zeit,
Donner fern verhallen…
schwüles Lager – wie befreit,
kann in Schlaf ich fallen.

Civitas Dei

(übers.: Gottesstaat)

Es gibt ein Land mit neuen Bäumen;
ich sah ein Haus am Rosenstrauch –
Ein weites Meer aus lauter Träumen
und einen Himmel seh ich auch...

Ein Licht ist da, wie Schnee so weiß -
von einem Berge – unberührt.
Im Frieden liegt ein Tal und heiß
scheint Sonne, die zur Freiheit führt.

...und hier ein Herz, das tapfer schlägt
und Seelen, die es noch nicht gibt,
von dem, der das Geschaffne liebt
und dessen Wille uns bewegt.

...schweigst du schon, Pan ?

Die weichen Flöten des Sommers
schweigen in der Heide...
Sanftes Schlagen noch hier und dort –
in der Nacht,
doch auch dieses wird weniger.
Vielleicht heute noch eine letzte Nachtigall?

Die Klagen der Vögel sind leiser geworden,
denn ihrer viele sind fort...
nach Süden zieht es sie –
mich auch!
Und ... die Flöte ist verstummt –
die Flöte Pans...

Mancher auf herbstlichem Pfade
kommt ans Tor.
Blüht ihm ein Gnadenbrot
für den Eisigen, dem man nicht leicht
entkommt,
einsam...
...denn der Baum der Gnaden blüht wenigen.

Tieferes Schweigen auch
in der blauen Nacht –
...und leise, sanft fallen die Blätter:
bunt, doch tot; schön, doch sterbend...

Sie fallen in den Winter;
sie fallen tief...
...und darüber – die ewigen Sterne!

Blattkunde...

Es kam durchs Fenster eingetrieben:
ein dürres, lebensloses Blatt;
es war als hätt man mir geschrieben,
was nur ein Baum zu sagen hat.

Das dürre Blatt, es sprach von Zeiten,
da ich verspürt des Sommers Lust;
ich sah das grüne Laub sich breiten
und atmete aus tiefer Brust!

Das Blatt bewies mit seinem Fluge
mir allsobald, wie trüb und leer
die Welt, und dass dem Vogelzuge
folgt nurmehr Frost – und sonst nichts mehr...

Doch ich will meinem Herzen gönnen,
dass es entzückt denkt schon daran,
dass nichts wird jemals sterben können:
der Tod ist nur ein leerer Wahn!

Zwar gab das dürre Blatt mir Kunde,
doch werfe ich's dem Abfall zu,
denn statt zur herben Todesstunde
bringt's den Beleg zur Winterruh!

Der Herbst war sicher schön gewesen,
der Winter scheint mir ein Verlust,
doch kann ich in der Zukunft lesen,
dass, Lenz, du wieder kommen musst!

...kein Gut und Böse...

So rüste du und abends leg die Tracht
von dem Geschenk des Tages in die Truhe;
leg etwas von der unsichtbaren Fracht
des Dankeswerks zurück – gewähre Ruhe...!

Lass deine schönsten Bilder vor dir stehn
im Äther der Gedanken – lass sie blühen,
denn wenn sie dem Erinnern erst entfliehn,
wirst du für lang den Sommer nicht mehr sehn...

..nur schnell vergiss, was in den dunklen Schränken
du abgelegt als trostlos fremden Tand –
Du wirst doch an die Götterrosen denken,
die dich erwarten im besondern Land...?

Ewiges Wissen

Dunkle Wolken und Herbstesluft –
Einsam liegen die Straßen;
welk hängt das Laub und kein Blumenduft;
wie ist die Welt mir verlassen…!

Kühl weht der Wind, da der Winter naht;
fort sind die Sommersonnen…
Abgeerntet, was einstmals Saat;
zu schnell die Zeiten verronnen…

Bunt noch der Wald in der Nacht zu sehn;
Nebel spielt auf den Wiesen,
und durch die öde Heide wehn
eishauchverkühlte Biesen…

Ich hör den Wind mit des Frostes Klang
über den kalten Bächen,
und ab und an, dort am Uferhang,
alternde Zweige brechen.

Ich kehre um, denn die Welt wird kalt –
Ich will zu neuen Gestaden;
es ist so: der Himmel leidet Gewalt
und ich suche sie, die neue Gestalt
aus den Himmeln, sie zu mir zu laden…!

Terra firma…?

(übers.: Festes Land…?)

Wir wandern aus dem Bild des Gestern
zum Lebendsein der Gegenwart…
Die Nornen sind unholde Schwestern
als Leiter unsrer Lebensfahrt.

Das Warten an dem Saum von heute
auf übermorgens Zukunftsschein,
das macht vom Jäger uns zur Beute:
wirst du nun Abel oder Kain?

Der Himmel birgt sich hinter Thronen
im blauen Glanze – irgendwo…
Hier ist kein Terra-Firma-Wohnen:
es heißt nur contra oder pro!

Des Schicksals fremdbewegte Strippen
begleiten unser Menschheitssein,
und Glück hat, wessen Schiff trotz Klippen
läuft in den sichern Hafen ein.

Die Zeichen

Ich wandre zum besonnten Hügel;
nur mählich komme ich voran.
Die Schwalben pfeilen ihre Flügel
und schwirren durch die blaue Bahn.

Ich will den Hügel schnell erreichen,
auf dem die großen Zeichen sind!
Mein Ziel sind jene Donar-Eichen;
ihr Blätterrauschen ruft den Wind.

Ich folge streng dem Weg der Geister
und leiste keinen Widerstand –
Seit langem reicht der hohe Meister
von dort mir seine Führungshand…

Mich riefen Boten, die nicht lange
verweilen konnten in dem Hain –
sie warnten vor dem Untergange
und wiesen mir ein neues Sein.

Noch sehe ich sie, die Gestalten;
ihr Winken senden sie mir kühl –
Ich passe demnach mein Verhalten
dem ihren an – im Angstgefühl…

Auf dass mich nicht die Sonne blende,
da wende ich mein Angesicht,
doch diese allerkleinste Wende
genügt, dass der Kontakt zerbricht!

Nun hilft kein herzliches Geplauder:
Ich war es, der um Hilfe schrie –
Im Nachhinein fasst mich ein Schauder,
denn fast erreichte ich sie nie!

So ward mir doch noch eingegeben:
Die Agape – und ihr Gewinn
führt mich zu einem neuen Leben –
und einem völlig andern Sinn…

Ich laufe immer noch zum Hügel
und komme endlich auch dort an;
nur tragen mich des Geistes Flügel
hinauf auf eine andre Bahn.

Ich sehe immer noch die Eichen
und wundre mich, dass niemand klimmt?
Vielleicht sieht keiner jene Zeichen?
Vielleicht, dass niemand sie vernimmt?!

Tod überwunden

Sieh nur die Blüten nah vor dieser Gruft!
Der Lenz verschleiert alles, das vom Tode
zu sehn mit buntem Blust und süßem Duft.
Denn die Natur, sie singt die Frühlings – Ode.

Ringsum, da feiert Morgensonnenlicht,
und in den Fliedern summt der Bienensegen;
die Blütendolden hängen dicht an dicht
und öffnen sich der Sonne froh entgegen.

Und sieh, der Schritt der Nacht, wie er erstirbt;
die Schmetterlinge gaukeln durch die Stille,
und aus dem keuschen Rosenbusche zirpt
ihr Einmaleins der Töne: eine Grille....

Übernacht!

Wie oft schliefst du in meinem Arm,
dass ich dich atmen hören konnte –
Du träumtest Liebe, lebtest warm,
und draußen war die Welt voll Harm,
doch dein Gesicht, dein Lächeln sonnte
die Wangen rot…

Auch wenn nach einem harten Tag,
dein Antlitz wurde schwer von Sorgen,
dann dachten wir nicht an das Morgen,
weil man sich in den Armen lag –
und immer waren wir geborgen
und ohne Not!

Nur einmal wurdest du nicht wach,
und ich begann dich hold zu necken,
doch du lagst bleich nur im Gemach,
und Dunkelheit fiel übers Dach –
und niemand konnte dich mehr wecken,
denn du warst tot…

Ex nocte lux

Die Königin der Nacht tritt in die Welt,
die bleiche Stirn vom Kronring fest umstellt;
so tritt sie ein ins Silberlicht der Sterne
und hinter sich Unendlichkeit und Ferne...

Sie sprüht von Diamanten im Ornat
und weiß, sie ist die Oberste im Staat –
Ein Mensch, wenn er sie sehen will in Träumen,
dann schlafe er in heidestillen Räumen.

So manche Nacht lehnt sie am Hügelsaum;
sie regt die dunklen Flügel nicht – doch kaum,
dass Pan, beim ersten Schein der Morgenröte,
die Töne bläst auf der Syringenflöte,

entschwindet sie. Denn Sonnenschein und Licht
verstören sie – und sie erträgt es nicht!
Und ohne Abschied flieht sie vor Auroren:
So geht die Nacht dem Tageslicht verloren...

Fiat voluntas tua...

(übers.: Dein Wille geschehe...)

Wie viel Sterne zählt die Nacht?
Wie viel Lieder fliehn im Wind?
Hat sie Gott, in Seiner Macht,
je gezählt? – wie viel es sind?

Wie viel Flocken hat der Schnee?
Regentropfen sind wie viel?
Wie viel Wellen hat die See?
Wie viel Sand der Wellen Spiel?

Einer nur weiß alle Zahl;
Einer nur kennt jedes Maß!
Alles schuf nach Seiner Wahl
ewig Er – ohn' Unterlass!

Auch wenn wir Ihn nicht verstehen,
plage uns der Zweifel nicht!
Denn Sein Wille muss geschehen –
alles wird dann einst zum Licht!

Im Linden – Duft

Wer magst du sein, du reiner Geist?
Wie kannst du überall mich finden?
Du bist die Allmacht und du kreist
im Sein, doch ohne mich zu binden...

Du bist es, der mich an sich reißt;
du bist in Liebe doch der Jähe,
man sagt mir, dass du alles seist:
mal weit entfernt, mal in der Nähe...

Unsichtbar bist du, doch voll Licht:
Musik, die ich im Spiegel sähe –
Im Bild des Lebens ein Gedicht,
das – ausgesprochen - auch geschähe...

Du leuchtest heute als der Stern,
aus tiefer Nacht dem Licht entgegen –
zwar bist du nahe nicht, noch fern,
doch ich muss mich zu dir bewegen...

Ach, Geist, du bist ein Liebesschatz;
besonders oft bis du zu finden
an eines Bronnens kühlem Platz,
im Duft der Blütenkraft der Linden...

Ahasveros

(Der wandernde Jude)

Eine Legende

Tief im Kummer, was die Menschen dächten,
ging er müde durch das stille Land.
Ungern lief er in solch dunklen Nächten,
doch hielt ihn Gedankenkraft gebannt.

Ferne Hellen, die sich auswärts bogen,
sah er wandernd – hatte sie durchwacht;
Firmament, von Sternen überzogen,
gab ihm Licht in seines Geistes Schlacht.

Wege, Brücken, Länder ließ er liegen,
wandert über Berge, ohne Mut;
ja, man sah von Land zu Land ihn fliegen,
kämpfend mit der Mächte dunkler Brut.

Irgend einer sagt: Ahasverus!
und der Name ist ihm auch geblieben.
Jeder weiß heut, dass er wandern muss;
mangelt es dem Menschen doch am Lieben.

Konnte auch die Lehre nicht begreifen;
handelte, statt liebend, nach der Schrift –
Nun muss er in Ewigkeiten streifen:
denn ihm wurde das Gesetz zum Gift!

Maientag...

Der Zeiger meiner Sonnenuhr
malt Schatten als der Sonne Spur,
und auch mein Brünnlein rauscht.
Der Schwalben Flug im Sonnenglast
zeigt trotz der Schnelle keine Hast –
und die Natur, sie lauscht...

Sankt Kilian, lass Reben blühn
und lohn dem Winzer sein Bemühn
als neuen Most im Fass.
Pankraz, Servaz sind bald vorbei,
jagt sie der Ruf doch der Schalmei –
und ich? – ich geh fürbass...

Wo auf dem Platz am Maibaum grün
im warmen Wind die Kränze blühn,
da pilgere ich hin...
Ich wandre in das Abendrot,
der heilge Veit brichts Vesperbrot,
gesegnet, wie ich bin...

Der Mond steigt warm und zeigt mir an,
die goldnen Stern im blauen Plan;
gar würzig duftet Mahd aus Gras.
Die letzten Mahder gehn nachhaus:
für heute ist die Ernte aus –
Ich schlaf im Schutz Sankt Barbaras.

hic Rhodos, hic salta…

Einst erben wir das Grün vergangner Gärten
und ebenso zerfallner Himmel Blau.
Sie sind nicht mehr bei uns, die Leidgefährten:
Des Schicksals Waage trennte sehr genau.

Die vielen Sommer, die vor Sonne sangen;
der goldnen Herbstpaletten Farb-Sequenz:
In neuem Leben altes zu verlangen
war das, was wir nicht wollten: Dekadenz.

Mag einem jeden nur der Sprung gelingen:
vom Gestern durch die Zeit zum Vielerlei;
gelingt der Sprung, so hört man Chöre singen –
ansonsten wärs für dich perdu: vorbei!

Du hast die Macht...

An diesem einen eigentlichen Tag,
da gehn sie anders unsre Sonnenuhren –
Heil sei dem Geiste, der verbinden mag
und hebt uns aus dem Spiele der Figuren.

Den Platz zu wählen, muss man diesen kennen!
Das Kennen ist ein wirklicher Bezug;
Die Nerven und das Haar, sie sind Antennen,
die mir das Licht aus leeren Fernen trug...

Was uns vibriert: es ist das Meer der Kräfte,
das uns vom Eigentlichen abgelenkt:
Alltäglichkeiten irdischer Geschäfte,
die uns aus ihrem Schatz die Erde schenkt.

Der Himmel leiht uns einen Zauberspruch:
mit ihm versinken Mächte, die uns leiten.
Du bist befreit von lästerndem Geruch,
beginnst du deine Liebe auszubreiten...

Und alle Sonnenuhren blieben stehn,
wenn du das Meer der Kräfte könntest sehn!

Lenz – Erscheinung

Ich sah im Traum, im Dämmerschein,
die Frau – sie wob sich ein Gewand
aus Sternenglanz und Sonnenschein,
den Frühlingsstrauß in ihrer Hand.

Sie goss ihr Füllhorn sattsam aus,
und Lenz erschien und Frühjahrsglück;
es sprossen reich um Flur und Haus
dann Blumen – schossen Stück um Stück...

Sie sah mit einem Blick auf mich
und wieder in ihr buntes Reich –
Die Frühlingsgöttin? – sicherlich!
das sah im Traum ich allsogleich!

...und im Erwachen sah ich auch:
das alles war im Traum geschehn...
Gleichwohl – der erste warme Hauch
des Lenzwinds, er begann zu wehn...

Hora abeundi...   (Abschiedsstunde)

Wenn ich zum Abschied reich die Hand
und fühle zehrend, dass mein Leben
wird ärmer, weil daraus entschwand,
was mir den Inhalt erst gegeben,
dann zittert durch mein Herz ein Weh,
wie man es nur beim Abschied findet...
Auch wenn vom Himmel ich's erfleh' –
nichts kehrt zurück, was heute schwindet!

Und durch die Abschiedstränen leuchtet
die Sonne der Vergangenheit;
was mir im Schmerz die Wimper feuchtet
ist nur das Schöne – nicht das Leid...
Das Schöne, das mich so erbaute,
das mich verlässt für immerdar;
das Wenigschöne, das ich schaute
scheint mir im Abschied nicht mehr wahr...

Das Morgen liegt mit Wolkenfracht
und schwerbeladen auf dem Herzen –
Im Abschiednehmen kommt die Nacht
der hoffnungslosen Trennungsschmerzen...
Doch sieh! wie mich auf neuen Wegen
der erste Morgenschimmer liebt!
Im Abschiedsschmerz geh ich entgegen
dem, das mir neue Tröstung gibt...

Und ein Trost noch

Erst im Dunkelsten der tiefen Nacht,
scheint die hellste Leuchtkraft aus den Sternen…
Was jetzt glüht in ihren heißen Kernen
wird zum Liebesfeuer einst entfacht!

Wag das Herz ein wenig zu entfalten,
denn so heilig ist dies Lebenslicht,
dass nur selten Herzen es enthalten –
und nur dann, wenn sich's in Tränen bricht…

Die Externsteine

(Restitutor orbis-Rex mundi-Liberator Germaniae)
(Weltkreis-Erneuerer- Weltenherrscher – Befreier Germaniens)

An eines Waldes unterbrochner Stelle,
da ragen Sandsteinblöcke weit hervor;
und unter einer riesenhaften Schwelle,
verläuft ein alter Heerweg durch ein Tor...

Gar sehr zerklüftet sind die Sandsteinblöcke,
doch sieht der Kundige des Menschen Hand
in ihrem Wirken, wo sie Opferstöcke
und Opferschalen schlug in Felsenwand.

Turmhoch empor, so ragen diese Steine
und sind so stark, dass man sich Höhlen schlug;
doch insgesamt empfindet man das Reine,
das jeder Betende dort in sich trug...

Am untern Ende – und direkt am Bache
(der sich dort weitet zu dem klaren Teich)
von alters her ist eine heilge Sache:
ein Initiantengrab aus Götterreich...

Ringsum, da wiegen sich die alten Haine...
und manches Fürstengrab, es schlummert fort –
die Priester mit geweihtem Honigweine,
sie opferten die Göttergabe dort...

Ganz nahebei entstand ein Römerlager;
es flammte auf in jener Varusschlacht
als Veleda, die Drude, hoch und hager
das Ende prophezeit der Römermacht!

Man spürt die Weihe dieses alten Ortes,
und Schwindel fasst dich ob der Steine Kraft...
Auch Charlemagne – Zerstörer jenes Hortes –
den traf der Fluch, der Trennung Deutschlands schafft!

Man kennt die Steine als der Irmin Säule:
ist sagenhaft das Thiu Heiligtum –
Im Thiutiskland brach im Wehgeheule
der Usurpator Charlemangne sie um...

Nur die Legende lässt sie weiterleben
im Blut D E S Volkes, das den Adler wählt
als Wappentier – von jener Säule eben...
...so hats die Sage altersher erzählt!

Der Usurpator, der die Säule störte,
der brachte auch Katholisches ins Land;
wer dann den Römerpapst nicht gleich erhörte,
der wurde auf dem Scheiterstoß verbrannt!

Jedoch! es war ein klägliches Erwachen!
Arminius, der Retter war bekannt...
Besiegt er Rom, so alle Kirchendrachen:
Im Volksmund wurde Sigfried er genannt!

Wohl wichtig ist, dass diese alte Egge
nach Stonehenge führt – und auch nach Avebury...
Umwuchert heut von Trespe und von Segge
liegt sie gar einsam – doch verlassen nie!

Sie liegt auf unsres Landes heilgen Spuren;
die alten Ley-lines gleiten durch mit Macht...
Es ticken in Carnac die gleichen Uhren,
und Barbarossa hält dieselbe Wacht!

Soweit die deutsche Zunge mag erklingen;
soweit der deutsche Adler nur in Sicht –
Die neue Zeit wird uns den König bringen...
Kyffhäuserberg! – der König will ans Licht!

Auch Kleve – diese Stadt am grünen Strome;
und Xanten, wo der Drachentöter liegt...
So Kölns und Aachens deutsche Kaiserdome:
sie alle hat der Rheinstrom wachgewiegt!

So Glastonbury: Artus Tafelrunde...
hat sie uns nicht den Lohengrin gebracht?
Und dessen Schwert, das geht aus seinem Munde:
es richtet alles in der Geistesmacht!

Den Restitutor orbis – die Propheten,
sie künden Ihn seit ewigem Geschehn...
Auf dass die Völker sich das Heil erbeten
und sich den Liberator bald erflehn!

Des alten Barbarossas junge Tage,
sie heben an – das Zeichen ist schon da –
Kyffhäuserberg: entlasse aus der Plage
den Restitutor der Germania.

Der Tag ist da! – es sind Jungsigfrids Träume
ganz unverseh'ns zur Wahrheit aufgewacht;
erwachet nun Germaniens weite Räume;
der Drache dieser Welt ist umgebracht…

So soll am Anfang aller neuen Taten
der Gral uns senden, wes das Land bedarf –
es komme Lohengrin, weil alle baten:
zur Wehr, zum Schild – das Schwert des Wortes scharf.

Und wem der dunkle Sinn der Sage leuchtet,
wer Barbarossa kennt und Lohengrin
und Sigfrids Schwert – im Drachenblut befeuchtet,
dem wächst der Schwarze Wald zum Weißen hin…

Du Frankreich – ihr Eggesterensteine… ?
Durch Sigfrids Tat gewonnen einst im Ruhm;
vollende es – aus dir erwächst das Eine,
das Franken bindet an Burgundertum…!

Die Liebe...

Wie selig lebt sie wesenlos
und aller Lebenssorge bloß
in unerreichbar stiller Ferne...
Und der Gedanken freier Flug,
er ist ihr in sich selbst genug,
da niemand ist – als nur die Sterne.

Sie trifft mit ihrem Wärmestrahl,
der uns entzündet allzumal:
so bringt sie himmlische Gebote!
Sie hilft dem Weisen, welcher bangt,
wie er das Himmelreich erlangt –
und zeigt den Weg zum Morgenrote...

Aus ihrer Fülle – mal um mal,
füllt sie den Becher; bringt den Gral
und bringt das Urteil uns – in Milde.
Wo wir gefehlt im Weisheitstraum,
da öffnet sie den Gnadenraum
und die Elysischen Gefilde...

Und ekeln uns des Lebens Leeren,
so ist sie da, uns zu bekehren;
verjüngt die Seele hin zum Größten!
Wenn uns der Sturm das Haus zertrümmert,
wenn unser Herz verzweifelt wimmert,
vermag nur sie uns ganz zu trösten...

Wenn uns das ferne Ithaka
bekümmert – ja, dann ist sie da:
sie füllt die Segel, führt das Ruder –
und steuert des Odysseus Schiff
vorbei an der Gesetze Riff –
denn Christos-Weisheit ist ihr Bruder...

Sie lebt das Kindsein unbeschwert
und ist für uns der Mutterherd,
dem wir schon längstens abgeschworen...
Sie bietet uns den Lorbeerkranz
in unverhüllter Liebe ganz;
und ohne sie – sind wir verloren...

Stillesein

Du kannst vor dem Geschick nicht fliehn –
es lässt dich nicht vondannen ziehn…
Dein Schicksal folgt dir immerfort;
es fordert dich an j e d e m Ort!

So lohnt es nicht davonzureiten;
ja bleibe, wo du hingestellt –
und tust du so, wird dir beizeiten
der Hilfe – auch in dieser Welt!

Wer hoffet – dazu stille bleibt,
dem wird der Glaube einverleibt,
dass einmal werden Leid und Arg
verwandeln ihn – und machen stark!

D E R hoffe still, der ganz allein
getrunken von dem Tränenwein,
der dieser Erde reichlich quillt…
- uns allen wird das Leid gestillt!

Morgenröte

Wenn des Mondes Antlitz schwebt
über stillem Lande,
und dein Herz im Leide bebt,
löse seine Bande...

Trage deinen tiefen Schmerz
von des Tages Jammer;
lege bloß dein armes Herz –
hin vor Gottes Kammer...

Denke der Vergänglichkeit
in der tiefen Stille;
über allem Erdenstreit,
webt ja Gottes Wille.

Ist auch jetzt der Kampf entfacht –
sieh! es ist vonnöten,
dass du d e i n e n Kampf vollbracht
vor dem Morgenröten!!!

Qui me donnera la paix?

Ein stilles Meer ist mir die Nacht
nach Leid und herzenswehem Klagen;
in ihrem sanften Wellenschlagen
erholt mein Ich sich von der Wacht…

Es schifft durch märchensel'gen Raum
mein Wünschen ohne Mast, noch Steuer;
mir ganz bewusst – ist beides teuer:
sowohl Gedanke als auch Traum…

Was immer ich den Sternen klage,
es dringt nach außen durch mein Wort;
es tönt mit Meereswelle fort,
ob ich es träume oder sage…

O Nacht – du bist das stille Meer,
und weiblich bist du mir desgleichen –
Ich suche oft dich zu erreichen,
wenn mir mein Leid besonders schwer…

Nur manchmal öffnet mir die Pflicht
ein Fenster in die Wirklichkeiten:
Es lässt mich in den Morgen gleiten
ein wunderbares Himmelslicht!

Licht in der Dunkelheit

Ein kleines Lichtlein in der Dunkelheit,
das leuchtet mir in meinem Wintergarten…
Gerade jetzt, da um die Weihnachtszeit
die rauhen Fröste und die Nebel warten.

Ein dichter Nebel lagert im Gesträuch
in meinem Garten überm Schneeverwehen…
…und durch den Nebel hört man kein Geräusch,
nur einsam kann ich's Lichtlein brennen sehen…

Dies Lichtlein brennt für mich die ganz Nacht,
und eh ich ruhe, muss ich daran denken:
Es hat mir manchmal schon den Schlaf gebracht,
den mir Natur will nicht von selber schenken.

Auch wenn ich aufwach in die Dunkelheit:
Mein Lichtlein brennt hell unter Tannenzelten…
Wo Licht ist, finde ich als Seligkeit
die Stille geistiger Gedankenwelten…

So seh ich's vor mir – jetzt, da draußen Dunst
und dichte Nebel über allen Bäumen…
Das ist des Lichtes wunderbare Kunst:
gewaltlos dringt es durch zu dunklen Räumen…

Ich denke mir: So müsste auch mein Geist
sanft gleiten durch zu jenen Riesensternen,
von denen es bei den Propheten heißt,
sie seien Gotteswelt der tiefsten Fernen…

a priori…

Was ist das Leben? Kommen und Verlassen;
Verlieren, Schmerz und Sehnsucht – Neuerfassen;
ein Wechsel nur von Tageslust und Nacht!
Wir weinen heute unter Abschiedsleiden,
wenn wir vom Liebsten, das wir haben, scheiden –
Heut Weh, obgleich das Herze morgen lacht!
Doch noch im Abschied wagen wir zu flehen:
Gib, Gott, uns einstmals doch ein Wiedersehen.

Parakletos! (Der Tröster)

Aus Deinem Lichte, Deinem Schein
strömt Liebe mir und Weisheit ein…
Du bist die Allerhöchste Macht,
die Licht schafft aus der tiefsten Nacht!

Zärtlicher Abendwind

Es lächelt uns der Abendwind,
wenn sich die Rosen wiegend küssen,
und da die Vögel müde sind,
weil sie aufs Dunkel warten müssen,
klagt ihm der Fluss, der plätschernd rinnt,
vom Treffen mit den andern Flüssen…

Er möchte bleiben in der Nacht
und sehen, wie die Wunder werden:
Die Sterngemälde, Baumgebärden –
so schön, wie er es nie gedacht.

Denn heilig sind die Abendhaine,
so sagt der Sonne Liebesglut.
Und meine Seele betet deine
in Liebe an – wie jede tut…

So, Abendwind sei ihm Orakel
und führe ihn zum Freudenfest,
an welchem teilnimmt ohne Makel,
wer seinen Willen fallen lässt…

Lebens – Psalter

Im Außen ist's, wie ohne Alter,
und alles wandert durch die Zeit.
Der Sturm, der große Umgestalter
weht schon seit aller Ewigkeit –
und singt uns aus dem Lebenspsalter.

Wie klein sind wir in großen Dingen;
in Winzigkeiten manchmal groß.
Wenn wir auch leidvoll lebend ringen:
wir sind am Ende – namenlos…
…und wollten einst das All bezwingen…

Nur, wer sein Tiefstes überwindet,
in dem er es ans Licht geholt,
der ist's, der alle Liebe findet,
nur ist er anders dann gepolt –
wodurch er in das Rechte mündet!

Kugelwelten

Die Engel sind das letzte Wehn
in unsres Lebens Spur;
wenn sie uns holen, wenn wir gehn,
dann endet die Tortur.
Dann pilgern wir ins große Licht –
doch mancher, der erreicht es nicht.

Und über allem wacht die Zeit,
die ab und an erwacht –
Es ist als trüge sie das Leid
aus unsrer Erdennacht.

Es ist ein Fürst im Land des Nichts,
der glänzt und ist doch nicht des Lichts...

Der Raum, hat er wohl einen Rand?
es kann ihn niemand sehn –
So schlingt sich denn ein Endlosband
auf dem wir vorwärts gehn...
Wenn du auf einer Kugel gehst,
ist Anfangs – Ende, wo du stehst...

Wir gehen immer auf Gott zu,
selbst noch im Eigensinn!
Ich wüsste gerne: wer bist Du?
den rechten Weg dahin...

Doch ist Gott eine Kugelwelt,
und hat er uns auf sich gestellt,
dann ist es gleich, wie sie sich dreht,
weil man dann immer richtig steht!

Und, wer nur einfach gehen kann:
auf Kugeln kommt man immer an...

Altgeworden Herz

Ich bin es selbst: ein altgeworden Herz,
das ganz genau, wie andre, jung einst schlug.
Wie oft in stiller Stunde – jugendwärts
gedacht ich hatte – nun ist es genug!

Es steigen aus mir Bilder ohne Zahl,
und formen zu Gestalten sich der Liebe.
Es ist, wie ein gewes'ner Sonnenstrahl,
von dem man möchte, dass er immer bliebe.

So fern ist dann die Welt, die ich gekannt:
die heile, wundervolle Jugendwelt.
Verloren ist für immer dieses Land,
moderner ist heut selbst das Sternenzelt.

Ich bleibe deshalb oft im Dunkel stehn
und sinne ihnen nach, den Jugendlieben…
…und manchmal denk ich: es ist Zeit zu gehn,
denn nur die alten – Bilder sind geblieben…

Werdandi (die Norne der Gegenwart)

Lenz – die Wälder sind durchlichtet,
und verwandelt ist das Land.
Düfte scheinen, wie verdichtet,
Wolkenbänder aufgeschichtet,
rund umher ein blaues Band.

Wolken, Berge weben Schleier;
irgendwo ein letzter Schnee…
Wind und Lüfte wehen freier;
sieh! am See die ersten Reiher,
eisfrei ist er auch, der See…

Auf den Hängen, in den Klüften
wärmt die Sonne, streicht der Wind;
süßen, unbekannten Düften
jauchzen zu wir mit den Lüften,
weil sie voller Frühling sind!

Impression an einem Frühsommerabend

Nun wird aller Schatten leicht,
hier im Garten an der Strasse.
Lauer Wind, der mich umstreicht
wird zum Hauch an meinem Glase.

Mählich löscht der Dämmerschein
Schatten, die vorüberschweben,
wandelt auch das Licht im Wein
um zu dunkelrotem Leben...

Eine Hand, die sich mir reicht,
liebvoll wirbt in meinem Herzen –
warmer Hauch vom Himmel streicht
lindernd meiner Seele Schmerzen...

Abendlicht scheint durch den Baum –
allerletzte Tagesstunden;
ferner, roter Sonnensaum –
bald bist du dahingeschwunden.

Warmer Maigarten

(Li – tai – Peh, Bedeutendster
lyrischer Dichter Chinas der Tang-Zeit)

Treiben in breiten Bänken
die Wolken einander hin;
Windgeister, sie zu lenken,
leben in diesem Sinn.

Lüften die Schwalben die Flügel,
falten Rosen sich auf?
Gleich hinterm nächsten Hügel,
findest du sie zuhauf…

Heide blüht in der Runde,
dass sie den Wind nicht versäumt,
die, mit der Sonne im Bunde,
längst schon vom Sommer träumt.

Ringe der blühenden Hecken;
Schwäne auf grundigem See –
Scheinen sich Elfen zu necken:
Lieder des Li-Tai-Peh.

Wolken sind mystische Bogen,
die vor den Himmeln – blau,
schöpfen aus himmlischen Trogen
tief in poetische Schau…

Schläfriger, sonnwarmer Garten –
Ruhe ich, Wärme im Schoss,
Ruhe ist: stets nur betrachten –
völlig gedankenlos…

Bildstöckle - Hohe Straße

Wer war er denn, wer war denn der,
der einst sein Leben hier verließ?
Vielleicht ein Mensch von weit, weit her,
den man all hier zu Tode stieß?

Auch er trug Sehnsucht einst im Blut,
nun steht sein Stein hier – er ist still –
Einstmals im Leben war er gut;
er kam, sagt man, von Mittersill…

Zwei Buben schlugen ihn am Ort;
er war ja nur ein Wandersmann;
sie trugen ihn nur so weit fort,
dass man ihn nicht mehr sehen kann…

Zwei Hunde fanden ihn, schon tot;
die Mörder griff man in der Stadt.
Der eine hängt sich in der Not;
der andere starb auf dem Rad…

Und Mensch bedenk', das Ende naht,
für alle: drum tu deine Pflicht.
Ein jeder büßt für seine Tat –
doch mancher büßt auch eben nicht.

Um eintausendsiebenhundertzwanzig (1720) schier
war's, als er um sein Leben bat;
den man erschlug – das Stöckle hier
erinnert an die Freveltat.

Abschied

Jetzt nochmals ein Oktoberfest
in umserm bunten Park,
dann nichts mehr sonst von Herbstes Rest:
der Winter schreitet stark...

Wir liebten uns am goldnen Baum,
und langsam floss die Zeit;
Ein Lebensabschied, wie im Traum:
Ich gab dir noch Geleit...

...und während langsam wir voran,
zum Lebensbaum im Licht
geschritten - küssten dann und wann,
als sei's die Trennung nicht!

Dann liefen wir gar Hand in Hand;
ein Wettlauf um uns zwei?
Ein Windstoß riss dein Flatterband:
es war wie einst im Mai!

Ein letzter Kuss, ein Arm voll Glück;
mein Herz war wie ein Sarg!
Dann sahen letztmals wir zurück
zu unserm bunten Park...

Mein Herz singt!

Die Heide schlummert, nur ein Rosenstrauch
wiegt sich am Sandhang unterm warmen Hauch;
die Blätter hängen schlaff am Lindenbaum
und Hitze lastet wabernd überm Raum...

Der Abend sinkt und milden Mondes Licht
fällt in die Schwüle: bunte Heidesicht
mit leichtem Schleier, der als Dunst verschwimmt...
...und nicht ein Laut, den man im Ohr vernimmt.

Doch Jenseitsstimmen, die im Schattensein
herdringen unterm goldnen Mondenschein,
die fragen nach dem Stern, der sich just zeigt,
da heiße Liebe sich zu ihnen neigt.

Die Heide schenkt dem tristen Erdenrund
den Frieden ihrer Düfte, Farben und
den Perlenschlag, den Nachtigallen tun -
und alles um im Herzen auszuruhn...

Aufwärts zu den klaren Gipfeln...

Tief unterm Himmelsbogen,
da ziehen weiße Wogen
des Meers - unendlich weit...
Die Wellen rollen lose,
ich höre ihr Getose
in mir - und Einsamkeit...

Ich werde weiterwandern,
setz einen Fuß zum andern
und komm doch nirgends an.
Wo wartet mir ein Hafen?
Wo kann ich ruhig schlafen?
ich ruheloser Mann...?

Nicht mehr auf dieser Erde!
Hier gibt's kein neues Werde!
Das alte lastet noch...
Wer wird ein neues Leben
mir nach dem alten geben?
Vielleicht bekomm ich's doch?

Vorläufig muss ich weiter
auf meiner Lebensleiter;
vielleicht weist sie hinauf?
Wenn meine Augen tränen,
so darf ich auch wohl wähnen:
es tut den Himmel auf...

Die Königin der Nacht

Er suchte eine Blume in der Wüste,
die keiner kennt und die noch niemand fand.
Auf seiner Suche sah er manche Küste
und viele Blüten in manch fremdem Land...

Er kannte sie, denn sie streut alle Düfte
in einer Nacht hinaus ins Firmament,
und wundersame linde Morgenlüfte
umfangen jenen, der den Namen kennt.

Es ist die Blume, die für den nur blühte,
in einer einzig hohen Liebesnacht,
der reinen Herzens liebevollst erglühte
und darob ihr sein Menschsein dargebracht...

Nur wer aus seinem Sternenreich entflohen,
im freien Wollen, ihr das Sein gereicht,
erhält zu einer kurzen Zeit den hohen
Erkenntnisschlüssel, der ihr Herz erweicht.

Dann strahlt aus ihrem wundersamen Kelche
der Duft der Engel - tönend als Musik,
und keine ihrer Farben weiß mehr, welche
vom Himmel ist bestimmt zum höchsten Glück!

Der Äther tönt und alle Sterne blinken
dem Spross der Himmel, der die Wüste kennt,
und welchem diese weist mit einem Winken
den Ort - und auch die Zeit der Blume nennt...

Hat jener dann die Farben, tongebunden,
mit ihrer Schönheit Harmonien belohnt,
dann hat die Wüstenseelen er entbunden,
und neuer Morgen steigt von dem, der thront!

Jehann la Pucelle　　(Jeanne d'Arc)

(geb.6.1.1431/gest. genau 18 Jahre später.
Inneres Zwiegespräch zwischen Jesus und Jeanne)

Ich fühle dich, du Schmerz in den Geweben,
die Qual mit der mein Innerstes verbrennt;
muss ich mit dieser Qual noch lange leben?
denn Du bist's, der mich so nur anerkennt!

Wie lange war in mir ein Widerstreben:
Ich glich dem, was mit schwacher Flamme glomm...
Ich spürte meines Schicksals Nornen weben;
sie riefen früh schon meinem Dasein: komm!

Ich zwang mich, Deiner Flamme zuzustimmen,
wo sie auch schmerzt, da lodert sie dem Geist.
Sie schmerzt und brennt, doch über allem Grimmen
bist Du an meiner Seite - und Du weißt!

Wie ich die Flamme fürchte - voll Entsetzen;
selbst Du schienst Flamme feuerroter Glut!
...doch war in Deinem Feuer das Benetzen,
das kühlte mit in Deines Geistes Flut.

Mein Leben, dem ich fürchtend angehangen,
war in der Lohe, die Du mir beschert!
Wenn ich Dich rief, um zu Dir zu gelangen,
dann habe ich Erlösung nur begehrt...

So sagte ich auch, dass ich widerrufe:
Ich tat es, wusst ich gleich doch, was ich muss.
Ist mein Verbrennen doch nur eine Stufe
des Weltlichen - und geistiger Beschluss!

Fühlst Du nicht meinen Schmerz in den Geweben?
wie blasig quillt mein Fleisch - und jäh zerfällt...
Mich quälen alle Fasern nun im Leben,
die Du mir einst geschenkt für diese Welt...

Der Rauch quillt mir die Stimme zu beschneiden
mit deren letzter Kraft ich nach Dir rief -
Ich sehe die Gesichter, die sich weiden
an dem Entsetzen, das in ihnen schlief...

Ich spüre, wie die Ketten glühend sengen;
mein Totenhemd- im Feuer seh ich's wehn...
Ich höre dieses Pöbels geiles Drängen,
wenn sie mich nackt in Flammen stehen sehn...

Ich spüre, wie sich meine Seele windet
dem Körper zu entkommen- ach! mein Herz...
Und da kamst Du - vollkommen ich entzündet -
hast Du's gelöst; genommen allen Schmerz...

Und endlich steigt die Seele aus den Qualen:
Du nimmst mich, Jesus, hoch im letzten Schrei...
Das Geile, das noch die Gesichter malen
ihr Kreischen schwindet - dann ist es vorbei!

Es schrein die Henker, die zuletzt noch baten:
Wir haben eine Heilige verbrannt...!
Sie wussten, wer ich war und was sie taten,
denn Jesus hat beim Namen mich genannt.

Lethe

(Fluss des Vergessens in der griechischen Mythologie)

Einmal sah ich in den goldnen Fluten
einen Nachen ohne Steuer ziehn -
Und der Abendhimmel zeigt sein Gluten,
zu der Zeit, da Tag und Nacht sich fliehn...
Junge Dirnen saßen drin im Kreise,
wanden Lorbeer-Kränze sich ums Haupt,
eine jede sang auf dieser Reise,
doch die Lorbeerblätter warn entlaubt...

Hin zog mich zu diesen seltnen Scharen
unvermittelt heißer Liebe Brunst;
dünkte mich doch, da so jung sie waren,
ihre Liebe auch die höchste Gunst.
Eilig kreist ein Becher durch die Reihe;
einen Glanz von ganz besondrer Art
sah ich - doch auch eine heilge Weihe -
während dieser steuerlosen Fahrt...

Scholl ein Lied herüber voller Gluten
aus des Mädchens Mund - sirenengleich;
wie ich war, so stürzt ich in die Fluten,
zu erlangen sie, so süß und bleich...
Ich erschwamm die steuerlose Barke
und erklomm des Nachens schwanken Rand;
sie reicht mir den Becher bis zur Marke
aufgefüllt mit ihrer Liebe Brand!

Doch mein Glück: sie sprach zu mir im Lachen:
...Becher des Vergessens heißt dein Trank!
Wütend warf den Gral ich aus dem Nachen...
und das ganze Bild im Wasser sank...
Langsam fassten meine Sinne wieder,
dass ich lebte - und im Abendrot
hörte ich vom Ufer andre Lieder
und begriff: sie alle waren - tot...

Mächtige Geige

Unterm vollen Monde duftet die Nacht
und erwartet den Morgen.

Das Land liegt im Schatten des Silbers
und der Schatten...
Wie erst wird es sein im Lichte des Goldes -
der Sonne!?

Süß ist dem Wanderer, dem Träumer
immer die Heimkehr.

Und in den Gärten wartet der Duft der Rosen;
Heide in wartender Stille...

Rosen: unsäglicher Duft
in der Melodie der Farben...

Stimmen raunen; leise Klänge
begleiten den Heimkehrer;
herb ist der Duft der Kiefern
und entquillt im Morgentau der Heide...

Neugeige singe: zurück!
Bade dich gesund durch
dein Klagen,
den weinenden Lauscher, den Träumer.

Neu wird sie: neu, die Erde!
und die Lerche löst ab die Nachtigall...

Weich und warm spielen
Liebe und Licht
mit dem Heimkehrenden...

Das Leben wird sich für ihn erhöhen
und erlösen im Spiel der Geige,
und verwandelt und blühend erscheinen
die Wunder
der göttlichen Schönheit!

Silbern leuchtet noch vergehend der Mond
und golden erstrahlet das Licht der steigenden
Sonne; sie nimmt ein ihren Platz, die
Königin der Farben und Wärme.
Sie schwingt als Ton im blauen Raume,
und das Herz ahnt unendliche Klarheit;
die Seele wandert selig
durch das stille Land der Reife...

Der Wanderer wird zum Beter,
er wirft ab alle Last:
so mächtig ist die Geige!

So nimm denn auf das Schwert des Geistes...

(Paulus - Epheser-Brief / Hildegard v. Bingen - Scivias)

Nicht lange musst du dürsten noch,
mein arg verbranntes Herz,
verheißt uns eine Sage doch:
es ende aller Schmerz...

Aus Unbekanntem faucht's mich an:
die große Kälte wacht -
die Sonne wärmt mich, so sie kann,
doch wandert sie zur Nacht!

Noch ist die Luft zwar fremd, doch rein
und bläst und wirbelt um
und atmet tief sich in uns ein —
nur frage nicht: warum ?!

Denn irgendwo vom Abgrund auf
vergüldet sich das Licht,
dann nimm des Geistesschwertes Knauf,
und wisse, wie man ficht!

Nachdichtungen der Worte großer Heiliger

Vianney, Pfarrer v. Ars, (1786—1859):

Gute Christen sind wie Vögel mit großen Schwingen und kleinen
Füßen - weil sie sich nie auf die Erde setzen, sondern in einemfort
im Fluge ihrer Gedanken an den Himmel sind...

Der gute Christ gleicht einer weißen Taube
mit übergroßen Schwingen, kleinem Fuß;
ins Himmlische versetzt ihn steter Glaube,
so dass er nicht auf Erden weilen muss.

Auf hohe Felsen baut er seine Neste
und sieht trotz Erdentiefe Sonnenschein;
er feiert himmlische Gedankenfeste,
dem Phönix aus der Asche gleich zu sein...

Die Himmelsleiter ward zwar einst zerbrochen,
obwohl der Herr die Menschen göttlich schuf...
doch wird er an die Himmelstore pochen,
dann hören Himmelsfreunde immer seinen Ruf!

Elisabeth, Landgräfin. v. Thüringen (1207—1231)

Warum sollte ich eine goldene Krone tragen?
Hat doch unser Herr eine aus Dornen gehabt!

Ihr scheltet mich, dass ich kein gülden Kron
zuhäupten hab, noch sitz auf hohem Thron'?
Was frage ich, bekam denn der zum Lohn,
der uns erlöste: lauter Spott und Hohn!
Er nahm die Krone nicht, die man ihm bot:
Er kam ins Tiefste und trug unsre Not!

Franz v.Assisi(1182—1226), aus dem Italienischen

...altissimo,onnipotente, Bon Signore!

Allerhöchster! Alle Macht,
alle Ehre, allen Segen...
Dem Geschöpf aus Erdennacht
sandtest alles Du entgegen.

Setztest uns den Bruder Sonne
als den Tag, ja als Dein Licht;
als ein Zeichen Deiner Wonne,
bargst vor uns die Liebe nicht...

Strahlend schön im weißen Glanz,
sind die Schwestern Mond und Sterne;
gabst uns nachts den Strahlentanz
dieser Lichter aus der Ferne...

Bruder Wind und Bruder Regen
und die Wolken, wie die Luft:
Dich zu preisen allerwegen,
bringen sie den Lebensduft.

Bruder Feuer - selbst das Dunkel
wird in tiefster Nacht erhellt;
heller noch als Sterngefunkel
machst Du uns die nächt'ge Welt!

Doch das höchste Loben, Herr,
gilt dem Sein der Mutter Erde!
Sie versorgt uns liebeschwer
und erträgt das stete Werde !